VOCABOLARIO ARABO
per studio autodidattico

I vocabolari T&P Books si propongono come strumento di aiuto per apprendere, memorizzare e revisionare l'uso di termini stranieri. Il vocabolario contiene oltre 3000 parole di uso comune ordinate per argomenti.

- Il vocabolario contiene le parole più comunemente usate
- È consigliato in aggiunta ad un corso di lingua
- Risponde alle esigenze degli studenti di lingue straniere sia essi principianti o di livello avanzato
- Pratico per un uso quotidiano, per gli esercizi di revisione e di autovalutazione
- Consente di valutare la conoscenza del proprio lessico

Caratteristiche specifiche del vocabolario:

- Le parole sono ordinate secondo il proprio significato e non alfabeticamente
- Le parole sono riportate in tre colonne diverse per facilitare il metodo di revisione e autovalutazione
- I gruppi di parole sono divisi in sottogruppi per facilitare il processo di apprendimento
- Il vocabolario offre una pratica e semplice trascrizione fonetica per ogni termine straniero

Il vocabolario contiene 101 argomenti tra cui:

Concetti di Base, Numeri, Colori, Mesi, Stagioni, Unità di Misura, Abbigliamento e Accessori, Cibo e Alimentazione, Ristorante, Membri della Famiglia, Parenti, Personalità, Sentimenti, Emozioni, Malattie, Città, Visita Turistica, Acquisti, Denaro, Casa, Ufficio, Lavoro d'Ufficio, Import-export, Marketing, Ricerca di un Lavoro, Sport, Istruzione, Computer, Internet, Utensili, Natura, Paesi, Nazionalità e altro ancora ...

INDICE

ARABO
VOCABOLARIO

ITALIANO - ARABO

Le parole più utili
Per ampliare il proprio lessico e affinare
le proprie abilità linguistiche

3000 parole

Vocabolario Italiano-Arabo per studio autodidattico - 3000 parole

Di Andrey Taranov

I vocabolari T&P Books si propongono come strumento di aiuto per apprendere, memorizzare e revisionare l'uso di termini stranieri. Il dizionario si divide in vari argomenti che includono la maggior parte delle attività quotidiane, tra cui affari, scienza, cultura, ecc.

Il processo di apprendimento delle parole attraverso i dizionari divisi in liste tematiche della collana T&P Books offre i seguenti vantaggi:

- Le fonti d'informazione correttamente raggruppate garantiscono un buon risultato nella memorizzazione delle parole
- La possibilità di memorizzare gruppi di parole con la stessa radice (piuttosto che memorizzarle separatamente)
- Piccoli gruppi di parole facilitano il processo di apprendimento per associazione, utile al potenziamento lessicale
- Il livello di conoscenza della lingua può essere valutato attraverso il numero di parole apprese

T&P Books Publishing
www.tpbooks.com

ISBN: 978-1-78716-754-4

Questo libro è disponibile anche in formato e-book.
Visitate il sito www.tpbooks.com o le principali librerie online.

GUIDA ALLA PRONUNCIA

Alfabeto fonetico T&P	Esempio arabo	Esempio italiano
[a]	[ṭaffa] طفّى	macchia
[ā]	[ixtār] إختار	scusare
[e]	[hamburger] هامبورجر	meno, leggere
[i]	[zifāf] زفاف	vittoria
[ī]	[abrīl] أبريل	scacchi
[u]	[kalkutta] كلكتا	prugno
[ū]	[ʒāmūs] جاموس	luccio
[b]	[bidāya] بداية	bianco
[d]	[saʿāda] سعادة	doccia
[ḍ]	[waḍʿ] وضع	[d] faringale
[ʒ]	[arʒantīn] الأرجنتين	beige
[ð]	[tiðkār] تذكار	[th] faringalizzato
[ẓ]	[zahar] ظهر	[z] faringale
[f]	[xafīf] خفيف	ferrovia
[g]	[gūlf] جولف	guerriero
[h]	[ittiʒāh] إتّجاه	[h] aspirate
[ḥ]	[aḥabb] أحبّ	[h] faringale
[y]	[ðahabiy] ذهبيّ	New York
[k]	[kursiy] كرسيّ	cometa
[l]	[lamaḥ] لمح	saluto
[m]	[marṣad] مرصد	mostra
[n]	[ʒanūb] جنوب	novanta
[p]	[kaputʃīnu] كابتشينو	pieno
[q]	[waθiq] وثق	cometa
[r]	[rūḥ] روح	ritmo, raro
[s]	[suxriyya] سخريّة	sapere
[ṣ]	[miʿṣam] معصم	[s] faringale
[ʃ]	[ʿaʃāʾ] عشاء	ruscello
[t]	[tannūb] تنّوب	tattica
[ṭ]	[xarīṭa] خريطة	[t] faringale
[θ]	[mamūθ] ماموث	Toscana (dialetto toscano)
[v]	[vitnām] فيتنام	volare
[w]	[waddaʿ] ودّع	week-end
[x]	[baxīl] بخيل	[h] dolce
[ɣ]	[taɣadda] تغدّى	simile gufo, gatto
[z]	[māʿiz] ماعز	rosa
[ʿ] (ayn)	[sabʿa] سبعة	fricativa faringale sonora
[ʾ] (hamza)	[saʾal] سأل	occlusiva glottidale sorda

ABBREVIAZIONI
usate nel vocabolario

Arabo. Abbreviazioni

du	-	sostantivo plurale (duale)
f	-	sostantivo femminile
m	-	sostantivo maschile
pl	-	plurale

Italiano. Abbreviazioni

agg	-	aggettivo
anim.	-	animato
avv	-	avverbio
cong	-	congiunzione
ecc.	-	eccetera
f	-	sostantivo femminile
f pl	-	femminile plurale
fem.	-	femminile
form.	-	formale
inanim.	-	inanimato
inform.	-	familiare
m	-	sostantivo maschile
m pl	-	maschile plurale
m, f	-	maschile, femminile
masc.	-	maschile
mil.	-	militare
pl	-	plurale
pron	-	pronome
qc	-	qualcosa
qn	-	qualcuno
sing.	-	singolare
v aus	-	verbo ausiliare
vi	-	verbo intransitivo
vi, vt	-	verbo intransitivo, transitivo
vr	-	verbo riflessivo
vt	-	verbo transitivo

CONCETTI DI BASE

1. Pronomi

io	ana	أنا
tu (masc.)	anta	أنت
tu (fem.)	anti	أنت
lui	huwa	هو
lei	hiya	هي
noi	naḥnu	نحن
voi	antum	أنتم
loro	hum	هم

2. Saluti. Convenevoli

Buongiorno!	as salāmu 'alaykum!	السلام عليكم!
Buongiorno! (la mattina)	ṣabāḥ al ҳayr!	صباح الخير!
Buon pomeriggio!	nahārak saʿīd!	نهارك سعيد!
Buonasera!	masā' al ҳayr!	مساء الخير!
salutare (vt)	sallam	سلّم
Ciao! Salve!	salām!	سلام!
saluto (m)	salām (m)	سلام
salutare (vt)	sallam 'ala	سلّم على
Come sta? Come stai?	kayfa ḥāluka?	كيف حالك؟
Che c'è di nuovo?	ma aҳbārak?	ما أخبارك؟
Arrivederci!	ma' as salāma!	مع السلامة!
A presto!	ilal liqā'!	إلى اللقاء!
Addio!	ma' as salāma!	مع السلامة!
congedarsi (vr)	wadda'	ودع
Ciao! (A presto!)	bay bay!	باي باي!
Grazie!	ʃukran!	شكرًا!
Grazie mille!	ʃukran ӡazīlan!	شكرًا جزيلًا!
Prego	'afwan	عفوا
Non c'è di che!	la ʃukr 'ala wāӡib	لا شكر على واجب
Di niente	al 'afw	العفو
Scusa!	'an iðnak!	عن أذنك!
Scusi!	'afwan!	عفوًا!
scusare (vt)	'aðar	عذر
scusarsi (vr)	i'taðar	إعتذر
Chiedo scusa	ana 'āsif	أنا آسف
Mi perdoni!	la tu'āҳiðni!	لا تؤاخذني!
perdonare (vt)	'afa	عفا

per favore	min faḍlak	من فضلك
Non dimentichi!	la tansa!	لا تنس!
Certamente!	ṭab'an!	طبعًا!
Certamente no!	abadan!	أبدًا!
D'accordo!	ittafaqna!	إتّفقنا!
Basta!	kifāya!	كفاية!

3. Domande

| Chi? | man? | من؟ |
| Che cosa? | māða? | ماذا؟ |

Dove? (in che luogo?)	ayna?	أين؟
Dove? (~ vai?)	ila ayna?	إلى أين؟
Di dove?, Da dove?	min ayna?	من أين؟

Quando?	mata?	متى؟
Perché? (per quale scopo?)	li māða?	لماذا؟
Perché? (per quale ragione?)	li māða?	لماذا؟

Per che cosa?	li māða?	لماذا؟
Come?	kayfa?	كيف؟
Che? (~ colore è?)	ay?	أي؟
Quale?	ay?	أي؟

A chi?	li man?	لمن؟
Di chi?	'amman?	عمّن؟
Di che cosa?	'amma?	عمّا؟
Con chi?	ma' man?	مع من؟

| Quanti?, Quanto? | kam? | كم؟ |
| Di chi? | li man? | لمن؟ |

4. Preposizioni

con (tè ~ il latte)	ma'	مع
senza	bi dūn	بدون
a (andare ~ ...)	ila	إلى
di (parlare ~ ...)	'an	عن

| prima di ... | qabl | قبل |
| di fronte a ... | amām | أمام |

sotto (avv)	taḥt	تحت
sopra (al di ~)	fawq	فوق
su (sul tavolo, ecc.)	'ala	على

| da, di (via da ..., fuori di ...) | min | من |
| di (fatto ~ cartone) | min | من |

| fra (~ dieci minuti) | ba'd | بعد |
| attraverso (dall'altra parte) | 'abr | عبر |

5. Parole grammaticali. Avverbi. Parte 1

Dove?	ayna?	أين؟
qui (in questo luogo)	huna	هنا
lì (in quel luogo)	hunāk	هناك

| da qualche parte (essere ~) | fi makānin ma | في مكان ما |
| da nessuna parte | la fi ay makān | لا في أي مكان |

| vicino a ... | bi ʒānib | بجانب |
| vicino alla finestra | bi ʒānib aʃʃubbāk | بجانب الشبّاك |

Dove?	ila ayna?	إلى أين؟
qui (vieni ~)	huna	هنا
ci (~ vado stasera)	hunāk	هناك
da qui	min huna	من هنا
da lì	min hunāk	من هناك

| vicino, accanto (avv) | qarīban | قريبًا |
| lontano (avv) | baʿīdan | بعيدًا |

vicino (~ a Parigi)	ʿind	عند
vicino (qui ~)	qarīban	قريبًا
non lontano	ɣayr baʿīd	غير بعيد

sinistro (agg)	al yasār	اليسار
a sinistra (rimanere ~)	ʿalaʃ ʃimāl	على الشمال
a sinistra (girare ~)	ilaʃ ʃimāl	إلى الشمال

destro (agg)	al yamīn	اليمين
a destra (rimanere ~)	ʿalal yamīn	على اليمين
a destra (girare ~)	llal yamīn	إلى اليمين

davanti	min al amām	من الأمام
anteriore (agg)	amāmiy	أماميّ
avanti	ilal amām	إلى الأمام

dietro (avv)	warā'	وراء
da dietro	min al warā'	من الوراء
indietro	ilal warā'	إلى الوراء

| mezzo (m), centro (m) | wasaṭ (m) | وسط |
| in mezzo, al centro | fil wasat | في الوسط |

di fianco	bi ʒānib	بجانب
dappertutto	fi kull makān	في كل مكان
attorno	ḥawl	حول

da dentro	min ad dāχil	من الداخل
da qualche parte (andare ~)	ila ayy makān	إلى أيّ مكان
dritto (direttamente)	bi aqṣar ṭarīq	بأقصر طريق
indietro	ʿiyāban	إيابًا
da qualsiasi parte	min ayy makān	من أي مكان
da qualche posto (veniamo ~)	min makānin ma	من مكان ما

in primo luogo	awwalan	أَوَّلًا
in secondo luogo	θāniyan	ثانِيًا
in terzo luogo	θāliθan	ثالِثًا

all'improvviso	faʒ'a	فَجْأَة
all'inizio	fil bidāya	في البِداية
per la prima volta	li 'awwal marra	لِأوَّل مرَّة
molto tempo prima di...	qabl ... bi mudda ṭawīla	قبل...بِمدَّة طويلة
di nuovo	min ʒadīd	من جديد
per sempre	ilal abad	إلى الأبد

mai	abadan	أبدًا
ancora	min ʒadīd	من جديد
adesso	al 'ān	الآن
spesso (avv)	kaθīran	كثيرًا
allora	fi ðalika al waqt	في ذلك الوقت
urgentemente	'āʒilan	عاجِلًا
di solito	kal 'āda	كالعادة

a proposito, ...	'ala fikra ...	على فكرة...
è possibile	min al mumkin	من المُمكن
probabilmente	la'alla	لعلَّ
forse	min al mumkin	من المُمكن
inoltre ...	bil iḍāfa ila ðalik ...	بالإضافة إلى...
ecco perché ...	li ðalik	لذلك
nonostante (~ tutto)	bir raɣm min ...	بالرغم من...
grazie a ...	bi faḍl ...	بِفضل...

che cosa (pron)	allaði	الذي
che (cong)	anna	أنَّ
qualcosa (qualsiasi cosa)	ʃay' (m)	شيء
qualcosa (le serve ~?)	ʃay' (m)	شيء
niente	la ʃay'	لا شيء

chi (pron)	allaði	الذي
qualcuno (annuire a ~)	aḥad	أحد
qualcuno (dipendere da ~)	aḥad	أحد

nessuno	la aḥad	لا أحد
da nessuna parte	la ila ay makān	لا إلى أي مكان
di nessuno	la yaχuṣṣ aḥad	لا يخص أحدًا
di qualcuno	li aḥad	لأحد

così (era ~ arrabbiato)	hakaða	هكذا
anche (penso ~ a ...)	kaðalika	كذلك
anche, pure	ayḍan	أيضًا

6. Parole grammaticali. Avverbi. Parte 2

Perché?	li māða?	لماذا؟
per qualche ragione	li sababin ma	لِسبب ما
perché ...	li'anna ...	لأنَّ...
per qualche motivo	li amr mā	لأمر ما
e (cong)	wa	و

o (sì ~ no?)	aw	أو
ma (però)	lakin	لكن
per (~ me)	li	لـ
troppo	kaθīran ӡiddan	كثير جدًا
solo (avv)	faqaṭ	فقط
esattamente	biḍ ḍabṭ	بالضبط
circa (~ 10 dollari)	naḥw	نحو
approssimativamente	taqrīban	تقريبًا
approssimativo (agg)	taqrībiy	تقريبي
quasi	taqrīban	تقريبًا
resto	al bāqi (m)	الباقي
ogni (agg)	kull	كلّ
qualsiasi (agg)	ayy	أيّ
molti, molto	kaθīr	كثير
molta gente	kaθīr min an nās	كثير من الناس
tutto, tutti	kull an nās	كل الناس
in cambio di ...	muqābil ...	مقابل...
in cambio	muqābil	مقابل
a mano (fatto ~)	bil yad	باليد
poco probabile	hayhāt	هيهات
probabilmente	la'alla	لعلّ
apposta	qaṣdan	قصدا
per caso	ṣudfa	صدفة
molto (avv)	ӡiddan	جدًا
per esempio	maθalan	مثلا
fra (~ due)	bayn	بين
fra (~ più di due)	bayn	بين
tanto (quantità)	haðihi al kammiyya	هذه الكمية
soprattutto	χāṣṣa	خاصّة

NUMERI. VARIE

7. Numeri cardinali. Parte 1

zero (m)	ṣifr	صفر
uno	wāḥid	واحد
una	wāḥida	واحدة
due	iθnān	إثنان
tre	θalāθa	ثلاثة
quattro	arba'a	أربعة
cinque	xamsa	خمسة
sei	sitta	ستّة
sette	sab'a	سبعة
otto	θamāniya	ثمانية
nove	tis'a	تسعة
dieci	'aʃara	عشرة
undici	aḥad 'aʃar	أحد عشر
dodici	iθnā 'aʃar	إثنا عشر
tredici	θalāθat 'aʃar	ثلاثة عشر
quattordici	arba'at 'aʃar	أربعة عشر
quindici	xamsat 'aʃar	خمسة عشر
sedici	sittat 'aʃar	ستّة عشر
diciassette	sab'at 'aʃar	سبعة عشر
diciotto	θamāniyat 'aʃar	ثمانية عشر
diciannove	tis'at 'aʃar	تسعة عشر
venti	'iʃrūn	عشرون
ventuno	wāḥid wa 'iʃrūn	واحد وعشرون
ventidue	iθnān wa 'iʃrūn	إثنان وعشرون
ventitre	θalāθa wa 'iʃrūn	ثلاثة وعشرون
trenta	θalāθīn	ثلاثون
trentuno	wāḥid wa θalāθūn	واحد وثلاثون
trentadue	iθnān wa θalāθūn	إثنان وثلاثون
trentatre	θalāθa wa θalāθūn	ثلاثة وثلاثون
quaranta	arba'ūn	أربعون
quarantuno	wāḥid wa arba'ūn	واحد وأربعون
quarantadue	iθnān wa arba'ūn	إثنان وأربعون
quarantatre	θalāθa wa arba'ūn	ثلاثة وأربعون
cinquanta	xamsūn	خمسون
cinquantuno	wāḥid wa xamsūn	واحد وخمسون
cinquantadue	iθnān wa xamsūn	إثنان وخمسون
cinquantatre	θalāθa wa xamsūn	ثلاثة وخمسون
sessanta	sittūn	ستّون
sessantuno	wāḥid wa sittūn	واحد وستّون

sessantadue	iθnān wa sittūn	إثنان وستّون
sessantatre	θalāθa wa sittūn	ثلاثة وستّون
settanta	sab'ūn	سبعون
settantuno	wāḥid wa sab'ūn	واحد وسبعون
settantadue	iθnān wa sab'ūn	إثنان وسبعون
settantatre	θalāθa wa sab'ūn	ثلاثة وسبعون
ottanta	θamānūn	ثمانون
ottantuno	wāḥid wa θamānūn	واحد وثمانون
ottantadue	iθnān wa θamānūn	إثنان وثمانون
ottantatre	θalāθa wa θamānūn	ثلاثة وثمانون
novanta	tis'ūn	تسعون
novantuno	wāḥid wa tis'ūn	واحد وتسعون
novantadue	iθnān wa tis'ūn	إثنان وتسعون
novantatre	θalāθa wa tis'ūn	ثلاثة وتسعون

8. Numeri cardinali. Parte 2

cento	mi'a	مائة
duecento	mi'atān	مائتان
trecento	θalāθumi'a	ثلاثمائة
quattrocento	rub'umi'a	أربعمائة
cinquecento	χamsumi'a	خمسمائة
seicento	sittumi'a	ستّمائة
settecento	sab'umi'a	سبعمائة
ottocento	θamānimi'a	ثمانمائة
novecento	tis'umi'a	تسعمائة
mille	alf	ألف
duemila	alfān	ألفان
tremila	θalāθat 'ālāf	ثلاثة آلاف
diecimila	'aʃarat 'ālāf	عشرة آلاف
centomila	mi'at alf	مائة ألف
milione (m)	milyūn (m)	مليون
miliardo (m)	milyār (m)	مليار

9. Numeri ordinali

primo	awwal	أوّل
secondo	θāni	ثان
terzo	θāliθ	ثالث
quarto	rābi'	رابع
quinto	χāmis	خامس
sesto	sādis	سادس
settimo	sābi'	سابع
ottavo	θāmin	ثامن
nono	tāsi'	تاسع
decimo	'āʃir	عاشر

COLORI. UNITÀ DI MISURA

10. Colori

colore (m)	lawn (m)	لون
sfumatura (f)	daraʒat al lawn (m)	درجة اللون
tono (m)	ṣabɣit lūn (f)	لون
arcobaleno (m)	qaws quzaḥ (m)	قوس قزح
bianco (agg)	abyaḍ	أبيض
nero (agg)	aswad	أسود
grigio (agg)	ramādiy	رمادي
verde (agg)	aχḍar	أخضر
giallo (agg)	aṣfar	أصفر
rosso (agg)	aḥmar	أحمر
blu (agg)	azraq	أزرق
azzurro (agg)	azraq fātiḥ	أزرق فاتح
rosa (agg)	wardiy	وردي
arancione (agg)	burtuqāliy	برتقالي
violetto (agg)	banafsaʒiy	بنفسجي
marrone (agg)	bunniy	بنّي
d'oro (agg)	ðahabiy	ذهبي
argenteo (agg)	fiḍḍiy	فضي
beige (agg)	bɛːʒ	بيج
color crema (agg)	ʿāʒiy	عاجي
turchese (agg)	fayrūziy	فيروزي
rosso ciliegia (agg)	karaziy	كرزي
lilla (agg)	laylakiy	ليلكي
rosso lampone (agg)	qirmiziy	قرمزي
chiaro (agg)	fātiḥ	فاتح
scuro (agg)	ɣāmiq	غامق
vivo, vivido (agg)	zāhi	زاه
colorato (agg)	mulawwan	ملون
a colori	mulawwan	ملون
bianco e nero (agg)	abyaḍ wa aswad	أبيض وأسود
in tinta unita	waḥīd al lawn, sāda	وحيد اللون، سادة
multicolore (agg)	mutaʿaddid al alwān	متعدد الألوان

11. Unità di misura

peso (m)	wazn (m)	وزن
lunghezza (f)	ṭūl (m)	طول

larghezza (f)	'arḍ (m)	عرض
altezza (f)	irtifā' (m)	إرتفاع
profondità (f)	'umq (m)	عمق
volume (m)	ḥaʒm (m)	حجم
area (f)	misāḥa (f)	مساحة

grammo (m)	grām (m)	جرام
milligrammo (m)	milliɣrām (m)	مليغرام
chilogrammo (m)	kiluɣrām (m)	كيلوغرام
tonnellata (f)	ṭunn (m)	طن
libbra (f)	raṭl (m)	رطل
oncia (f)	ūnṣa (f)	أونصة

metro (m)	mitr (m)	متر
millimetro (m)	millimitr (m)	مليمتر
centimetro (m)	santimitr (m)	سنتيمتر
chilometro (m)	kilumitr (m)	كيلومتر
miglio (m)	mīl (m)	ميل

pollice (m)	būṣa (f)	بوصة
piede (f)	qadam (f)	قدم
iarda (f)	yārda (f)	ياردة

| metro (m) quadro | mitr murabba' (m) | متر مربع |
| ettaro (m) | hiktār (m) | هكتار |

litro (m)	litr (m)	لتر
grado (m)	daraʒa (f)	درجة
volt (m)	vūlt (m)	فولت
ampere (m)	ambīr (m)	أمبير
cavallo vapore (m)	ḥiṣān (m)	حصان

quantità (f)	kammiyya (f)	كمّيّة
un po' di ...	qalīl ...	قليل...
metà (f)	niṣf (m)	نصف
dozzina (f)	iθnā 'aʃar (f)	إثنا عشر
pezzo (m)	waḥda (f)	وحدة

| dimensione (f) | ḥaʒm (m) | حجم |
| scala (f) (modello in ~) | miqyās (m) | مقياس |

minimo (agg)	al adna	الأدنى
minore (agg)	al aṣɣar	الأصغر
medio (agg)	mutawassiṭ	متوسّط
massimo (agg)	al aqṣa	الأقصى
maggiore (agg)	al akbar	الأكبر

12. Contenitori

barattolo (m) di vetro	barṭamān (m)	برطمان
latta, lattina (f)	tanaka (f)	تنكة
secchio (m)	ʒardal (m)	جردل
barile (m), botte (f)	barmīl (m)	برميل
catino (m)	ḥawḍ lil ɣasīl (m)	حوض للغسيل

serbatoio (m) (per liquidi)	χazzān (m)	خزّان
fiaschetta (f)	zamzamiyya (f)	زمزميّة
tanica (f)	ʒirikan (m)	جركن
cisterna (f)	χazzān (m)	خزّان

tazza (f)	mãgg (m)	ماجّ
tazzina (f) (~ di caffé)	finʒãn (m)	فنجان
piattino (m)	ṭabaq finʒãn (m)	طبق فنجان
bicchiere (m) (senza stelo)	kubbāya (f)	كبّاية
calice (m)	ka's (f)	كأس
casseruola (f)	kassirūlla (f)	كاسرولة

bottiglia (f)	zuʒāʒa (f)	زجاجة
collo (m) (~ della bottiglia)	'unq (m)	عنق

caraffa (f)	dawraq zuʒāʒiy (m)	دورق زجاجيّ
brocca (f)	ibrīq (m)	إبريق
recipiente (m)	inā' (m)	إناء
vaso (m) di coccio	aṣīṣ (m)	أصيص
vaso (m) di fiori	vāza (f)	فازة

boccetta (f) (~ di profumo)	zuʒāʒa (f)	زجاجة
fiala (f)	zuʒāʒa (f)	زجاجة
tubetto (m)	umbūba (f)	أنبوبة

sacco (m) (~ di patate)	kīs (m)	كيس
sacchetto (m) (~ di plastica)	kīs (m)	كيس
pacchetto (m) (~ di sigarette, ecc.)	'ulba (f)	علبة

scatola (f) (~ per scarpe)	'ulba (f)	علبة
cassa (f) (~ di vino, ecc.)	ṣundū' (m)	صندوق
cesta (f)	salla (f)	سلّة

I VERBI PIÙ IMPORTANTI

13. I verbi più importanti. Parte 1

accorgersi (vr)	lāḥaẓ	لاحظ
afferrare (vt)	amsak	أمسك
affittare (dare in affitto)	ista'ʒar	إستأجر
aiutare (vt)	sā'ad	ساعد
amare (qn)	aḥabb	أحبّ
andare (camminare)	maʃa	مشى
annotare (vt)	katab	كتب
appartenere (vi)	xaṣṣ	خصّ
aprire (vt)	fataḥ	فتح
arrivare (vi)	waṣal	وصل
aspettare (vt)	intazar	إنتظر
avere (vt)	malak	ملك
avere fame	arād an ya'kul	أراد أن يأكل
avere fretta	ista'ʒal	إستعجل
avere paura	xāf	خاف
avere sete	arād an yaʃrab	أراد أن يشرب
avvertire (vt)	ḥaððar	حذّر
cacciare (vt)	iṣṭād	إصطاد
cadere (vi)	saqaṭ	سقط
cambiare (vt)	ɣayyar	غيّر
capire (vt)	fahim	فهم
cenare (vi)	ta'aʃʃa	تعشّى
cercare (vt)	baḥaθ	بحث
cessare (vt)	tawaqqaf	توقّف
chiedere (~ aiuto)	istaɣāθ	إستغاث
chiedere (domandare)	sa'al	سأل
cominciare (vt)	bada'	بدأ
comparare (vt)	qāran	قارن
confondere (vt)	ixtalaṭ	إختلط
conoscere (qn)	'araf	عرف
conservare (vt)	ḥafaẓ	حفظ
consigliare (vt)	naṣaḥ	نصح
contare (calcolare)	'add	عدّ
contare su ...	i'tamad 'ala ...	إعتمد على...
continuare (vt)	istamarr	إستمرّ
controllare (vt)	taḥakkam	تحكّم
correre (vi)	ʒara	جرى
costare (vt)	kallaf	كلّف
creare (vt)	xalaq	خلق
cucinare (vi)	ḥaḍḍar	حضّر

14. I verbi più importanti. Parte 2

dare (vt)	a'ṭa	أعطى
dare un suggerimento	a'ṭa talmīḥ	أعطى تلميحًا
decorare (adornare)	zayyan	زيّن
difendere (~ un paese)	dāfaʻ	دافع
dimenticare (vt)	nasiy	نسي
dire (~ la verità)	qāl	قال
dirigere (compagnia, ecc.)	adār	أدار
discutere (vt)	nāqaʃ	ناقش
domandare (vt)	ṭalab	طلب
dubitare (vi)	ʃakk fi	شكّ في
entrare (vi)	daχal	دخل
esigere (vt)	ṭālib	طالب
esistere (vi)	kān mawȝūd	كان موجودًا
essere (vi)	kān	كان
essere d'accordo	ittafaq	إتّفق
fare (vt)	'amal	عمل
fare colazione	afṭar	أفطر
fare il bagno	sabaḥ	سبح
fermarsi (vr)	waqaf	وقف
fidarsi (vr)	waθiq	وثق
finire (vt)	atamm	أتمّ
firmare (~ un documento)	waqqaʻ	وقّع
giocare (vi)	la'ib	لعب
girare (~ a destra)	inʻaṭaf	إنعطف
gridare (vi)	ṣaraχ	صرخ
indovinare (vt)	χamman	خمّن
informare (vt)	aχbar	أخبر
ingannare (vt)	χadaʻ	خدع
insistere (vi)	aṣarr	أصرّ
insultare (vt)	ahān	أهان
interessarsi di …	ihtamm	إهتمّ
invitare (vt)	daʻa	دعا
lamentarsi (vr)	ʃaka	شكا
lasciar cadere	awqaʻ	أوقع
lavorare (vi)	'amal	عمل
leggere (vi, vt)	qara'	قرأ
liberare (vt)	ḥarrar	حرّر

15. I verbi più importanti. Parte 3

mancare le lezioni	χāb	غاب
mandare (vt)	arsal	أرسل
menzionare (vt)	ðakar	ذكر
minacciare (vt)	haddad	هدّد

mostrare (vt)	'araḍ	عرض
nascondere (vt)	χaba'	خبأ
nuotare (vi)	sabaḥ	سبح
obiettare (vt)	i'taraḍ	إعترض
occorrere (vimp)	kān maṭlūb	كان مطلوبا
ordinare (~ il pranzo)	ṭalab	طلب

ordinare (mil.)	amar	أمر
osservare (vt)	rāqab	راقب
pagare (vi, vt)	dafa'	دفع
parlare (vi, vt)	takallam	تكلّم
partecipare (vi)	iʃtarak	إشترك

pensare (vi, vt)	ẓann	ظنّ
perdonare (vt)	'afa	عفا
permettere (vt)	raχχaṣ	رخّص
piacere (vi)	a'ʒab	أعجب
piangere (vi)	baka	بكى

pianificare (vt)	χaṭṭaṭ	خطّط
possedere (vt)	malak	ملك
potere (v aus)	istaṭā'	إستطاع
pranzare (vi)	taγadda	تغدّى
preferire (vt)	faḍḍal	فضّل

pregare (vi, vt)	ṣalla	صلّى
prendere (vt)	aχað	أخذ
prevedere (vt)	tanabba'	تنبّأ
promettere (vt)	wa'ad	وعد
pronunciare (vt)	naṭaq	نطق

proporre (vt)	iqtaraḥ	إقترح
punire (vt)	'āqab	عاقب
raccomandare (vt)	naṣaḥ	نصح
ridere (vi)	ḍaḥik	ضحك
rifiutarsi (vr)	rafaḍ	رفض

rincrescere (vi)	nadim	ندم
ripetere (ridire)	karrar	كرّر
riservare (vt)	haʒaz	حجز
rispondere (vi, vt)	aʒāb	أجاب
rompere (spaccare)	kasar	كسر
rubare (~ i soldi)	saraq	سرق

16. I verbi più importanti. Parte 4

salvare (~ la vita a qn)	anqað	أنقذ
sapere (vt)	'araf	عرف
sbagliare (vi)	aχṭa'	أخطأ
scavare (vt)	ḥafar	حفر
scegliere (vt)	iχtār	إختار

scendere (vi)	nazil	نزل
scherzare (vi)	mazaḥ	مزح

scrivere (vt)	katab	كتب
scusarsi (vr)	i'taðar	إعتذر
sedersi (vr)	ʒalas	جلس
seguire (vt)	taba'	تبع
sgridare (vt)	wabbaχ	وبخ
significare (vt)	'ana	عنى
sorridere (vi)	ibtasam	إبتسم
sottovalutare (vt)	istaχaff	إستخفَّ
sparare (vi)	aṭlaq an nār	أطلق النار
sperare (vi, vt)	tamanna	تمنّى
spiegare (vt)	ʃaraḥ	شرح
studiare (vt)	daras	درس
stupirsi (vr)	indahaʃ	إندهش
tacere (vi)	sakat	سكت
tentare (vt)	ḥāwal	حاول
toccare (~ con le mani)	lamas	لمس
tradurre (vt)	tarʒam	ترجم
trovare (vt)	waʒad	وجد
uccidere (vt)	qatal	قتل
udire (percepire suoni)	sami'	سمع
unire (vt)	wahḥad	وحّد
uscire (vi)	χaraʒ	خرج
vantarsi (vr)	tabāha	تباهى
vedere (vt)	ra'a	رأى
vendere (vt)	bā'	باع
volare (vi)	ṭār	طار
volere (desiderare)	arād	أراد

ORARIO. CALENDARIO

17. Giorni della settimana

lunedì (m)	yawm al iθnayn (m)	يوم الإثنين
martedì (m)	yawm aθ θulāθā' (m)	يوم الثلاثاء
mercoledì (m)	yawm al arbi'ā' (m)	يوم الأربعاء
giovedì (m)	yawm al χamīs (m)	يوم الخميس
venerdì (m)	yawm al ʒum'a (m)	يوم الجمعة
sabato (m)	yawm as sabt (m)	يوم السبت
domenica (f)	yawm al aḥad (m)	يوم الأحد
oggi (avv)	al yawm	اليوم
domani	ɣadan	غدًا
dopodomani	ba'd ɣad	بعد غد
ieri (avv)	ams	أمس
l'altro ieri	awwal ams	أوّل أمس
giorno (m)	yawm (m)	يوم
giorno (m) lavorativo	yawm 'amal (m)	يوم عمل
giorno (m) festivo	yawm al 'uṭla ar rasmiyya (m)	يوم العطلة الرسمية
giorno (m) di riposo	yawm 'uṭla (m)	يوم عطلة
fine (m) settimana	ayyām al 'uṭla (pl)	أيام العطلة
tutto il giorno	ṭūl al yawm	طول اليوم
l'indomani	fil yawm at tāli	في اليوم التالي
due giorni fa	min yawmayn	قبل يومين
il giorno prima	fil yawm as sābiq	في اليوم السابق
quotidiano (agg)	yawmiy	يومي
ogni giorno	yawmiyyan	يوميًا
settimana (f)	usbū' (m)	أسبوع
la settimana scorsa	fil isbū' al māḍi	في الأسبوع الماضي
la settimana prossima	fil isbū' al qādim	في الأسبوع القادم
settimanale (agg)	usbū'iy	أسبوعي
ogni settimana	usbū'iyyan	أسبوعيًا
due volte alla settimana	marratayn fil usbū'	مرّتين في الأسبوع
ogni martedì	kull yawm aθ θulaθā'	كل يوم الثلاثاء

18. Ore. Giorno e notte

mattina (f)	ṣabāḥ (m)	صباح
di mattina	fiṣ ṣabāḥ	في الصباح
mezzogiorno (m)	ẓuhr (m)	ظهر
nel pomeriggio	ba'd aẓ ẓuhr	بعد الظهر
sera (f)	masā' (m)	مساء
di sera	fil masā'	في المساء

notte (f)	layl (m)	ليل
di notte	bil layl	بالليل
mezzanotte (f)	muntaṣif al layl (m)	منتصف الليل
secondo (m)	θāniya (f)	ثانية
minuto (m)	daqīqa (f)	دقيقة
ora (f)	sā'a (f)	ساعة
mezzora (f)	niṣf sā'a (m)	نصف ساعة
un quarto d'ora	rub' sā'a (f)	ربع ساعة
quindici minuti	χamsat 'aʃar daqīqa	خمس عشرة دقيقة
ventiquattro ore	yawm kāmil (m)	يوم كامل
levata (f) del sole	ʃurūq aʃ ʃams (m)	شروق الشمس
alba (f)	faʒr (m)	فجر
mattutino (m)	ṣabāḥ bākir (m)	صباح باكر
tramonto (m)	ɣurūb aʃ ʃams (m)	غروب الشمس
di buon mattino	fis ṣabāḥ al bākir	في الصباح الباكر
stamattina	al yawm fiṣ ṣabāḥ	اليوم في الصباح
domattina	ɣadan fiṣ ṣabāḥ	غدًا في الصباح
oggi pomeriggio	al yawm ba'd aẓ ẓuhr	اليوم بعد الظهر
nel pomeriggio	ba'd aẓ ẓuhr	بعد الظهر
domani pomeriggio	ɣadan ba'd aẓ ẓuhr	غدًا بعد الظهر
stasera	al yawm fil masā'	اليوم في المساء
domani sera	ɣadan fil masā'	غدًا في المساء
alle tre precise	fis sā'a aθ θāliθa tamāman	في الساعة الثالثة تماما
verso le quattro	fis sā'a ar rābi'a taqrīban	في الساعة الرابعة تقريبا
per le dodici	ḥattas sā'a aθ θāniya 'aʃara	حتى الساعة الثانية عشرة
fra venti minuti	ba'd 'iʃrīn daqīqa	بعد عشرين دقيقة
fra un'ora	ba'd sā'a	بعد ساعة
puntualmente	fi maw'idih	في موعده
un quarto di ...	illa rub'	إلا ربع
entro un'ora	ṭiwāl sā'a	طوال الساعة
ogni quindici minuti	kull rub' sā'a	كل ربع ساعة
giorno e notte	layl nahār	ليل نهار

19. Mesi. Stagioni

gennaio (m)	yanāyir (m)	يناير
febbraio (m)	fibrāyir (m)	فبراير
marzo (m)	māris (m)	مارس
aprile (m)	abrīl (m)	أبريل
maggio (m)	māyu (m)	مايو
giugno (m)	yūnyu (m)	يونيو
luglio (m)	yūlyu (m)	يوليو
agosto (m)	aɣusṭus (m)	أغسطس
settembre (m)	sibtambar (m)	سبتمبر
ottobre (m)	uktūbir (m)	أكتوبر
novembre (m)	nuvimbar (m)	نوفمبر

dicembre (m)	disimbar (m)	ديسمبر
primavera (f)	rabīʻ (m)	ربيع
in primavera	fir rabīʻ	في الربيع
primaverile (agg)	rabīʻiy	ربيعي

estate (f)	ṣayf (m)	صيف
in estate	fiṣ ṣayf	في الصيف
estivo (agg)	ṣayfiy	صيفي

autunno (m)	χarīf (m)	خريف
in autunno	fil χarīf	في الخريف
autunnale (agg)	χarīfiy	خريفيَ

inverno (m)	ʃitāʼ (m)	شتاء
in inverno	fiʃ ʃitāʼ	في الشتاء
invernale (agg)	ʃitawiy	شتويَ

mese (m)	ʃahr (m)	شهر
questo mese	fi haða aʃ ʃahr	في هذا الشهر
il mese prossimo	fiʃ ʃahr al qādim	في الشهر القادم
il mese scorso	fiʃ ʃahr al māḍi	في الشهر الماضي
un mese fa	qabl ʃahr	قبل شهر
fra un mese	baʻd ʃahr	بعد شهر
fra due mesi	baʻd ʃahrayn	بعد شهرين
un mese intero	ṭūl aʃ ʃahr	طول الشهر
per tutto il mese	ʃahr kāmil	شهر كامل

mensile (rivista ~)	ʃahriy	شهريَ
mensilmente	kull ʃahr	كل شهر
ogni mese	kull ʃahr	كل شهر
due volte al mese	marratayn fiʃ ʃahr	مرّتين في الشهر

anno (m)	sana (f)	سنة
quest'anno	fi haðihi as sana	في هذه السنة
l'anno prossimo	fis sana al qādima	في السنة القادمة
l'anno scorso	fis sana al māḍiya	في السنة الماضية

un anno fa	qabla sana	قبل سنة
fra un anno	baʻd sana	بعد سنة
fra due anni	baʻd sanatayn	بعد سنتين
un anno intero	ṭūl as sana	طول السنة
per tutto l'anno	sana kāmila	سنة كاملة

ogni anno	kull sana	كل سنة
annuale (agg)	sanawiy	سنويَ
annualmente	kull sana	كل سنة
quattro volte all'anno	arbaʻ marrāt fis sana	أربع مرّات في السنة

data (f) (~ di oggi)	tarīχ (m)	تاريخ
data (f) (~ di nascita)	tarīχ (m)	تاريخ
calendario (m)	taqwīm (m)	تقويم

mezz'anno (m)	niṣf sana (m)	نصف سنة
semestre (m)	niṣf sana (m)	نصف سنة
stagione (f) (estate, ecc.)	faṣl (m)	فصل
secolo (m)	qarn (m)	قرن

VIAGGIO. HOTEL

20. Escursione. Viaggio

turismo (m)	siyāḥa (f)	سياحة
turista (m)	sā'iḥ (m)	سائح
viaggio (m) (all'estero)	riḥla (f)	رحلة
avventura (f)	muɣāmara (f)	مغامرة
viaggio (m) (corto)	riḥla (f)	رحلة
vacanza (f)	'uṭla (f)	عطلة
essere in vacanza	'indahu 'uṭla	عنده عطلة
riposo (m)	istirāḥa (f)	إستراحة
treno (m)	qiṭār (m)	قطار
in treno	bil qiṭār	بالقطار
aereo (m)	ṭā'ira (f)	طائرة
in aereo	biṭ ṭā'ira	بالطائرة
in macchina	bis sayyāra	بالسيّارة
in nave	bis safīna	بالسفينة
bagaglio (m)	aʃ ʃunaṭ (pl)	الشنط
valigia (f)	ḥaqībat safar (f)	حقيبة سفر
carrello (m)	'arabat ʃunaṭ (f)	عربة شنط
passaporto (m)	ʒawāz as safar (m)	جواز السفر
visto (m)	ta'ʃīra (f)	تأشيرة
biglietto (m)	taðkira (f)	تذكرة
biglietto (m) aereo	taðkirat ṭā'ira (f)	تذكرة طائرة
guida (f)	dalīl (m)	دليل
carta (f) geografica	xarīṭa (f)	خريطة
località (f)	mintaqa (f)	منطقة
luogo (m)	makān (m)	مكان
ogetti (m pl) esotici	ɣarāba (f)	غرابة
esotico (agg)	ɣarīb	غريب
sorprendente (agg)	mudhiʃ	مدهش
gruppo (m)	maʒmū'a (f)	مجموعة
escursione (f)	ʒawla (f)	جولة
guida (f) (cicerone)	murʃid (m)	مرشد

21. Hotel

albergo (m)	funduq (m)	فندق
motel (m)	mutīl (m)	موتيل
tre stelle	θalāθat nuʒūm	ثلاثة نجوم

| cinque stelle | χamsat nuʒūm | خمسة نجوم |
| alloggiare (vi) | nazal | نزل |

camera (f)	ɣurfa (f)	غرفة
camera (f) singola	ɣurfa li ʃaχş wāḥid (f)	غرفة لشخص واحد
camera (f) doppia	ɣurfa li ʃaχşayn (f)	غرفة لشخصين
prenotare una camera	ḥaʒaz ɣurfa	حجز غرفة

| mezza pensione (f) | waʒbitān fil yawm (du) | وجبتان في اليوم |
| pensione (f) completa | θalāθ waʒabāt fil yawm | ثلاث وجبات في اليوم |

con bagno	bi ḥawḍ al istiḥmām	بحوض الإستحمام
con doccia	bid duʃ	بالدوش
televisione (f) satellitare	tilivizyūn faḍā'iy (m)	تلفزيون فضائيَ
condizionatore (m)	takyīf (m)	تكييف
asciugamano (m)	fūṭa (f)	فوطة
chiave (f)	miftāḥ (m)	مفتاح

amministratore (m)	mudīr (m)	مدير
cameriera (f)	'āmilat tanzīf ɣuraf (f)	عاملة تنظيف غرف
portabagagli (m)	ḥammāl (m)	حمّال
portiere (m)	bawwāb (m)	بوّاب

ristorante (m)	maṭ'am (m)	مطعم
bar (m)	bār (m)	بار
colazione (f)	fuṭūr (m)	فطور
cena (f)	'aʃā' (m)	عشاء
buffet (m)	bufīh (m)	بوفيه

| hall (f) (atrio d'ingresso) | radha (f) | ردهة |
| ascensore (m) | miş'ad (m) | مصعد |

| NON DISTURBARE | ar raʒā' 'adam al iz'āʒ | الرجاء عدم الإزعاج |
| VIETATO FUMARE! | mamnū' at tadχīn | ممنوع التدخين |

22. Visita turistica

monumento (m)	timθāl (m)	تمثال
fortezza (f)	qal'a (f), ḥişn (m)	قلعة، حصن
palazzo (m)	qaşr (m)	قصر
castello (m)	qal'a (f)	قلعة
torre (f)	burʒ (m)	برج
mausoleo (m)	ḍarīḥ (m)	ضريح

architettura (f)	handasa mi'māriyya (f)	هندسة معماريّة
medievale (agg)	min al qurūn al wusṭa	من القرون الوسطى
antico (agg)	qadīm	قديم
nazionale (agg)	waṭaniy	وطنيَ
famoso (agg)	maʃhūr	مشهور

turista (m)	sā'iḥ (m)	سائح
guida (f)	murʃid (m)	مرشد
escursione (f)	ʒawla (f)	جولة
fare vedere	'araḍ	عرض

raccontare (vt)	ḥaddaθ	حدّث
trovare (vt)	waӡad	وجد
perdersi (vr)	ḍāʿ	ضاع
mappa (f) (~ della metropolitana)	xarīṭa (f)	خريطة
piantina (f) (~ della città)	xarīṭa (f)	خريطة
souvenir (m)	tiðkār (m)	تذكار
negozio (m) di articoli da regalo	maḥall hadāya (m)	محلّ هدايا
fare foto	ṣawwar	صوّر
fotografarsi	taṣawwar	تصوّر

MEZZI DI TRASPORTO

23. Aeroporto

Italiano	Traslitterazione	العربية
aeroporto (m)	maṭār (m)	مطار
aereo (m)	ṭā'ira (f)	طائرة
compagnia (f) aerea	ʃarikat ṭayarān (f)	شركة طيران
controllore (m) di volo	marāqib al ḥaraka al ӡawwiyya (pl)	مراقب الحركة الجوية
partenza (f)	muɣādara (f)	مغادرة
arrivo (m)	wuṣūl (m)	وصول
arrivare (vi)	waṣal	وصل
ora (f) di partenza	waqt al muɣādara (m)	وقت المغادرة
ora (f) di arrivo	waqt al wuṣūl (m)	وقت الوصول
essere ritardato	ta'aχχar	تأخّر
volo (m) ritardato	ta'aχχur ar riḥla (m)	تأخّر الرحلة
tabellone (m) orari	lawḥat al maʿlūmāt (f)	لوحة المعلومات
informazione (f)	istiʿlāmāt (pl)	إستعلامات
annunciare (vt)	aʿlan	أعلن
volo (m)	riḥla (f)	رحلة
dogana (f)	ӡamārik (pl)	جمارك
doganiere (m)	muwazzaf al ӡamārik (m)	موظّف الجمارك
dichiarazione (f)	taṣrīḥ ӡumrukiy (m)	تصريح جمركيّ
riempire (~ una dichiarazione)	mala'	ملأ
riempire una dichiarazione	mala' at taṣrīḥ	ملأ التصريح
controllo (m) passaporti	taftīʃ al ӡawāzāt (m)	تفتيش الجوازات
bagaglio (m)	aʃ ʃunaṭ (pl)	الشنط
bagaglio (m) a mano	ʃunaṭ al yad (pl)	شنط اليد
carrello (m)	ʿarabat ʃunaṭ (f)	عربة شنط
atterraggio (m)	hubūṭ (m)	هبوط
pista (f) di atterraggio	mamarr al hubūṭ (m)	ممرّ الهبوط
atterrare (vi)	habaṭ	هبط
scaletta (f) dell'aereo	sullam aṭ ṭā'ira (m)	سلّم الطائرة
check-in (m)	tasӡīl (m)	تسجيل
banco (m) del check-in	makān at tasӡīl (m)	مكان التسجيل
fare il check-in	saӡӡal	سجّل
carta (f) d'imbarco	biṭāqat suʿūd (f)	بطاقة صعود
porta (f) d'imbarco	bawwābat al muɣādara (f)	بوّابة المغادرة
transito (m)	tranzīt (m)	ترانزيت
aspettare (vt)	intazar	إنتظر

Italiano	Traslitterazione	العربية
sala (f) d'attesa	qā'at al muɣādara (f)	قاعة المغادرة
accompagnare (vt)	wadda'	ودّع
congedarsi (vr)	wadda'	ودّع

24. Aeroplano

aereo (m)	ṭā'ira (f)	طائرة
biglietto (m) aereo	taðkirat ṭā'ira (f)	تذكرة طائرة
compagnia (f) aerea	ʃarikat ṭayarān (f)	شركة طيران
aeroporto (m)	maṭār (m)	مطار
supersonico (agg)	χāriq liṣ ṣawt	خارق للصوت
comandante (m)	qā'id aṭ ṭā'ira (m)	قائد الطائرة
equipaggio (m)	ṭāqim (m)	طاقم
pilota (m)	ṭayyār (m)	طيّار
hostess (f)	muḍīfat ṭayarān (f)	مضيفة طيران
navigatore (m)	mallāḥ (m)	ملّاح
ali (f pl)	aʒniḥa (pl)	أجنحة
coda (f)	ðayl (m)	ذيل
cabina (f)	kabīna (f)	كابينة
motore (m)	mutūr (m)	موتور
carrello (m) d'atterraggio	'aʒalāt al hubūṭ (pl)	عجلات الهبوط
turbina (f)	turbīna (f)	تربينة
elica (f)	mirwaḥa (f)	مروحة
scatola (f) nera	musaʒʒil aṭ ṭayarān (m)	مسجّل الطيران
barra (f) di comando	'aʒalat qiyāda (f)	عجلة قيادة
combustibile (m)	wuqūd (m)	وقود
safety card (f)	biṭāqat as salāma (f)	بطاقة السلامة
maschera (f) ad ossigeno	qinā' uksiʒīn (m)	قناع أوكسيجين
uniforme (f)	libās muwaḥḥad (m)	لباس موحّد
giubbotto (m) di salvataggio	sutrat naʒāt (f)	سترة نجاة
paracadute (m)	miʐallat hubūṭ (f)	مظلة هبوط
decollo (m)	iqlā' (m)	إقلاع
decollare (vi)	aqla'at	أقلعت
pista (f) di decollo	madraʒ aṭ ṭā'irāt (m)	مدرج الطائرات
visibilità (f)	ru'ya (f)	رؤية
volo (m)	ṭayarān (m)	طيران
altitudine (f)	irtifā' (m)	إرتفاع
vuoto (m) d'aria	ʒayb hawā'iy (m)	جيب هوائيّ
posto (m)	maq'ad (m)	مقعد
cuffia (f)	sammā'āt ra'siya (pl)	سمّاعات رأسيّة
tavolinetto (m) pieghevole	ṣīniyya qābila liṭ ṭayy (f)	صينية قابلة للطيّ
oblò (m), finestrino (m)	ʃubbāk aṭ ṭā'ira (m)	شبّاك الطائرة
corridoio (m)	mamarr (m)	ممرّ

25. Treno

treno (m)	qiṭār (m)	قطار
elettrotreno (m)	qiṭār (m)	قطار
treno (m) rapido	qiṭār sarī' (m)	قطار سريع
locomotiva (f) diesel	qāṭirat dīzil (f)	قاطرة ديزل
locomotiva (f) a vapore	qāṭira buxāriyya (f)	قاطرة بخارية

| carrozza (f) | 'araba (f) | عربة |
| vagone (m) ristorante | 'arabat al maṭ'am (f) | عربة المطعم |

rotaie (f pl)	quḍubān (pl)	قضبان
ferrovia (f)	sikka ḥadīdiyya (f)	سكة حديدية
traversa (f)	'āriḍa (f)	عارضة

banchina (f) (~ ferroviaria)	raṣīf (m)	رصيف
binario (m) (~ 1, 2)	xaṭṭ (m)	خط
semaforo (m)	simafūr (m)	سيمافور
stazione (f)	maḥaṭṭa (f)	محطة

macchinista (m)	sā'iq (m)	سائق
portabagagli (m)	ḥammāl (m)	حمّال
cuccettista (m, f)	mas'ūl 'arabat al qiṭār (m)	مسؤول عربة القطار
passeggero (m)	rākib (m)	راكب
controllore (m)	kamsariy (m)	كمسريّ

| corridoio (m) | mamarr (m) | ممرّ |
| freno (m) di emergenza | farāmil aṭ ṭawāri' (pl) | فرامل الطوارئ |

scompartimento (m)	yurfa (f)	غرفة
cuccetta (f)	sarīr (m)	سرير
cuccetta (f) superiore	sarīr 'ulwiy (m)	سرير علويّ
cuccetta (f) inferiore	sarīr sufliy (m)	سرير سفليّ
biancheria (f) da letto	ayṭiyat as sarīr (pl)	أغطية السرير

biglietto (m)	taðkira (f)	تذكرة
orario (m)	ʒadwal (m)	جدول
tabellone (m) orari	lawḥat ma'lūmāt (f)	لوحة معلومات

| partire (vi) | yādar | غادر |
| partenza (f) | muyādara (f) | مغادرة |

| arrivare (di un treno) | waṣal | وصل |
| arrivo (m) | wuṣūl (m) | وصول |

arrivare con il treno	waṣal bil qiṭār	وصل بالقطار
salire sul treno	rakib al qiṭār	ركب القطار
scendere dal treno	nazil min al qiṭār	نزل من القطار

deragliamento (m)	ḥiṭām qiṭār (m)	حطام قطار
deragliare (vi)	xaraʒ 'an xaṭṭ sayrih	خرج عن خط سيره
locomotiva (f) a vapore	qāṭira buxāriyya (f)	قاطرة بخارية
fuochista (m)	'aṭaʃʒiy (m)	عطشجيّ
forno (m)	furn al muḥarrik (m)	فرن المحرّك
carbone (m)	faḥm (m)	فحم

26. Nave

Italiano	Arabo (traslitterazione)	Arabo
nave (f)	safīna (f)	سفينة
imbarcazione (f)	safīna (f)	سفينة
piroscafo (m)	bāχira (f)	باخرة
barca (f) fluviale	bāχira nahriyya (f)	باخرة نهرية
transatlantico (m)	bāχira siyahiyya (f)	باخرة سياحية
incrociatore (m)	ṭarrād (m)	طرّاد
yacht (m)	yaχt (m)	يخت
rimorchiatore (m)	qāṭira (f)	قاطرة
chiatta (f)	ṣandal (m)	صندل
traghetto (m)	'abbāra (f)	عبّارة
veliero (m)	safīna ʃirā'iyya (m)	سفينة شراعية
brigantino (m)	markab ʃirā'iy (m)	مركب شراعي
rompighiaccio (m)	muhaṭṭimat ӡalīd (f)	محطّمة جليد
sottomarino (m)	ɣawwāṣa (f)	غوّاصة
barca (f)	markab (m)	مركب
scialuppa (f)	zawraq (m)	زورق
scialuppa (f) di salvataggio	qārib naӡāt (m)	قارب نجاة
motoscafo (m)	lanʃ (m)	لنش
capitano (m)	qubṭān (m)	قبطان
marittimo (m)	bahhār (m)	بحّار
marinaio (m)	bahhār (m)	بحّار
equipaggio (m)	ṭāqim (m)	طاقم
nostromo (m)	raʾīs al bahhāra (m)	رئيس البحّارة
mozzo (m) di nave	ṣabiy as safīna (m)	صبي السفينة
cuoco (m)	ṭabbāχ (m)	طبّاخ
medico (m) di bordo	ṭabīb as safīna (m)	طبيب السفينة
ponte (m)	saṭh as safīna (m)	سطح السفينة
albero (m)	sāriya (f)	سارية
vela (f)	ʃirā' (m)	شراع
stiva (f)	'ambar (m)	عنبر
prua (f)	muqaddama (m)	مقدّمة
poppa (f)	mu'aχirat as safīna (f)	مؤخّرة السفينة
remo (m)	miӡðāf (m)	مجذاف
elica (f)	mirwaha (f)	مروحة
cabina (f)	kabīna (f)	كابينة
quadrato (m) degli ufficiali	ɣurfat al istirāha (f)	غرفة الإستراحة
sala (f) macchine	qism al 'ālāt (m)	قسم الآلات
ponte (m) di comando	burӡ al qiyāda (m)	برج القيادة
cabina (f) radiotelegrafica	ɣurfat al lāsilkiy (f)	غرفة اللاسلكي
onda (f)	mawӡa (f)	موجة
giornale (m) di bordo	siӡil as safīna (m)	سجل السفينة
cannocchiale (m)	minẓār (m)	منظار
campana (f)	ӡaras (m)	جرس

33

bandiera (f)	'alam (m)	علم
cavo (m) (~ d'ormeggio)	ḥabl (m)	حبل
nodo (m)	'uqda (f)	عقدة
ringhiera (f)	drabizīn (m)	درابزين
passerella (f)	sullam (m)	سلّم
ancora (f)	mirsāt (f)	مرساة
levare l'ancora	rafaʿ mirsāt	رفع مرساة
gettare l'ancora	rasa	رسا
catena (f) dell'ancora	silsilat mirsāt (f)	سلسلة مرساة
porto (m)	mīnā' (m)	ميناء
banchina (f)	marsa (m)	مرسى
ormeggiarsi (vr)	rasa	رسا
salpare (vi)	aqlaʿ	أقلع
viaggio (m)	riḥla (f)	رحلة
crociera (f)	riḥla baḥriyya (f)	رحلة بحرية
rotta (f)	masār (m)	مسار
itinerario (m)	ṭarīq (m)	طريق
tratto (m) navigabile	maʒra milāḥiy (m)	مجرى ملاحيّ
secca (f)	miyāh ḍaḥla (f)	مياه ضحلة
arenarsi (vr)	ʒanaḥ	جنح
tempesta (f)	'āṣifa (f)	عاصفة
segnale (m)	iʃāra (f)	إشارة
affondare (andare a fondo)	ɣariq	غرق
Uomo in mare!	saqaṭ raʒul min as safīna!	سقط رجل من السفينة!
SOS	nidā' iɣāθa (m)	نداء إغاثة
salvagente (m) anulare	ṭawq naʒāt (m)	طوق نجاة

CITTÀ

27. Mezzi pubblici in città

autobus (m)	bāṣ (m)	باص
tram (m)	trām (m)	ترام
filobus (m)	truli bāṣ (m)	ترولي باص
itinerario (m)	ҳaṭṭ (m)	خط
numero (m)	raqm (m)	رقم
andare in ...	rakib ...	ركب...
salire (~ sull'autobus)	rakib	ركب
scendere da ...	nazil min	نزل من
fermata (f) (~ dell'autobus)	mawqif (m)	موقف
prossima fermata (f)	al maḥaṭṭa al qādima (f)	المحطّة القادمة
capolinea (m)	āҳir maḥaṭṭa (f)	آخر محطّة
orario (m)	ʒadwal (m)	جدول
aspettare (vt)	intazar	إنتظر
biglietto (m)	taðkira (f)	تذكرة
prezzo (m) del biglietto	uʒra (f)	أجرة
cassiere (m)	ṣarrāf (m)	صرّاف
controllo (m) dei biglietti	taftīʃ taðkira (m)	تفتيش تذكرة
bigliettaio (m)	mufattiʃ taðākir (m)	مفتّش تذاكر
essere in ritardo	ta'aҳҳar	تأخّر
perdere (~ il treno)	ta'aҳҳar	تأخّر
avere fretta	ista'ʒal	إستعجل
taxi (m)	taksi (m)	تاكسي
taxista (m)	sā'iq taksi (m)	سائق تاكسي
in taxi	bit taksi	بالتاكسي
parcheggio (m) di taxi	mawqif taksi (m)	موقف تاكسي
chiamare un taxi	kallam tāksi	كلّم تاكسي
prendere un taxi	aҳað taksi	أخذ تاكسي
traffico (m)	ḥarakat al murūr (f)	حركة المرور
ingorgo (m)	zaḥmat al murūr (f)	زحمة المرور
ore (f pl) di punta	sā'at að ðurwa (f)	ساعة الذروة
parcheggiarsi (vr)	awqaf	أوقف
parcheggiare (vt)	awqaf	أوقف
parcheggio (m)	mawqif as sayyārāt (m)	موقف السيارات
metropolitana (f)	mitru (m)	مترو
stazione (f)	maḥaṭṭa (f)	محطّة
prendere la metropolitana	rakib al mitru	ركب المترو
treno (m)	qiṭār (m)	قطار
stazione (f) ferroviaria	maḥaṭṭat qiṭār (f)	محطّة قطار

35

28. Città. Vita di città

città (f)	madīna (f)	مدينة
capitale (f)	'āṣima (f)	عاصمة
villaggio (m)	qarya (f)	قرية
mappa (f) della città	χarīṭat al madīna (f)	خريطة المدينة
centro (m) della città	markaz al madīna (m)	مركز المدينة
sobborgo (m)	ḍāḥiya (f)	ضاحية
suburbano (agg)	aḍ ḍawāḥi	الضواحي
periferia (f)	aṭrāf al madīna (pl)	أطراف المدينة
dintorni (m pl)	ḍawāḥi al madīna (pl)	ضواحي المدينة
isolato (m)	ḥayy (m)	حيّ
quartiere residenziale	ḥayy sakaniy (m)	حيّ سكني
traffico (m)	ḥarakat al murūr (f)	حركة المرور
semaforo (m)	iʃārāt al murūr (pl)	إشارات المرور
trasporti (m pl) urbani	wasāʾil an naql (pl)	وسائل النقل
incrocio (m)	taqāṭuʿ (m)	تقاطع
passaggio (m) pedonale	maʿbar al muʃāt (m)	معبر المشاة
sottopassaggio (m)	nafaq muʃāt (m)	نفق مشاة
attraversare (vt)	ʿabar	عبر
pedone (m)	māʃi (m)	ماش
marciapiede (m)	raṣīf (m)	رصيف
ponte (m)	ʒisr (m)	جسر
banchina (f)	kurnīʃ (m)	كورنيش
fontana (f)	nāfūra (f)	نافورة
vialetto (m)	mamʃa (m)	ممشى
parco (m)	ḥadīqa (f)	حديقة
boulevard (m)	bulvār (m)	بولفار
piazza (f)	maydān (m)	ميدان
viale (m), corso (m)	ʃāriʿ (m)	شارع
via (f), strada (f)	ʃāriʿ (m)	شارع
vicolo (m)	zuqāq (m)	زقاق
vicolo (m) cieco	ṭarīq masdūd (m)	طريق مسدود
casa (f)	bayt (m)	بيت
edificio (m)	mabna (m)	مبنى
grattacielo (m)	nāṭiḥat sahāb (f)	ناطحة سحاب
facciata (f)	wāʒiha (f)	واجهة
tetto (m)	saqf (m)	سقف
finestra (f)	ʃubbāk (m)	شبّاك
arco (m)	qaws (m)	قوس
colonna (f)	ʿamūd (m)	عمود
angolo (m)	zāwiya (f)	زاوية
vetrina (f)	vatrīna (f)	فترينة
insegna (f) (di negozi, ecc.)	lāfita (f)	لافتة
cartellone (m)	mulṣaq (m)	ملصق
cartellone (m) pubblicitario	mulṣaq iʿlāniy (m)	ملصق إعلاني

tabellone (m) pubblicitario	lawḥat i'lānāt (f)	لوحة إعلانات
pattume (m), spazzatura (f)	zubāla (f)	زيالة
pattumiera (f)	ṣundūq zubāla (m)	صندوق زيالة
sporcare (vi)	rama zubāla	رمى زيالة
discarica (f) di rifiuti	mazbala (f)	مزبلة
cabina (f) telefonica	kuʃk tilifūn (m)	كشك تليفون
lampione (m)	'amūd al miṣbāḥ (m)	عمود المصباح
panchina (f)	dikka (f), kursiy (m)	دكّة, كرسيّ
poliziotto (m)	ʃurṭiy (m)	شرطيّ
polizia (f)	ʃurṭa (f)	شرطة
mendicante (m)	ʃaḥḥāð (m)	شحّاذ
barbone (m)	mutaʃarrid (m)	متشرّد

29. Servizi cittadini

negozio (m)	maḥall (m)	محلّ
farmacia (f)	ṣaydaliyya (f)	صيدليّة
ottica (f)	al adawāt al baṣariyya (pl)	الأدوات البصريّة
centro (m) commerciale	markaz tiʒāriy (m)	مركز تجاريّ
supermercato (m)	subirmarkit (m)	سوبرماركت
panetteria (f)	maxbaz (m)	مخبز
fornaio (m)	xabbāz (m)	خبّاز
pasticceria (f)	dukkān ḥalawāniy (m)	دكّان حلوانيّ
drogheria (f)	baqqāla (f)	بقّالة
macelleria (f)	malḥama (f)	ملحمة
fruttivendolo (m)	dukkān xuḍār (m)	دكّان خضار
mercato (m)	sūq (f)	سوق
caffè (m)	kafé (m), maqha (m)	كافيه, مقهى
ristorante (m)	maṭ'am (m)	مطعم
birreria (f), pub (m)	ḥāna (f)	حانة
pizzeria (f)	maṭ'am pizza (m)	مطعم بيتزا
salone (m) di parrucchiere	ṣālūn ḥilāqa (m)	صالون حلاقة
ufficio (m) postale	maktab al barīd (m)	مكتب البريد
lavanderia (f) a secco	tanẓīf ʒāff (m)	تنظيف جافّ
studio (m) fotografico	istūdiyu taṣwīr (m)	إستوديو تصوير
negozio (m) di scarpe	maḥall aḥðiya (m)	محلّ أحذية
libreria (f)	maḥall kutub (m)	محلّ كتب
negozio (m) sportivo	maḥall riyāḍiy (m)	محلّ رياضيّ
riparazione (f) di abiti	maḥall xiyāṭat malābis (m)	محلّ خياطة ملابس
noleggio (m) di abiti	maḥall ta'ʒīr malābis rasmiyya (m)	محلّ تأجير ملابس رسمية
noleggio (m) di film	maḥal ta'ʒīr vidiyu (m)	محلّ تأجير فيديو
circo (m)	sirk (m)	سيرك
zoo (m)	ḥadīqat al ḥayawān (f)	حديقة حيوان
cinema (m)	sinima (f)	سينما

museo (m)	mathaf (m)	متحف
biblioteca (f)	maktaba (f)	مكتبة

teatro (m)	masrah (m)	مسرح
teatro (m) dell'opera	ubra (f)	أوبرا
locale notturno (m)	malha layliy (m)	ملهى ليليّ
casinò (m)	kazinu (m)	كازينو

moschea (f)	masʒid (m)	مسجد
sinagoga (f)	kanīs maʻbad yahūdiy (m)	كنيس معبد يهوديّ
cattedrale (f)	katidrā'iyya (f)	كاتدرائيّة
tempio (m)	maʻbad (m)	معبد
chiesa (f)	kanīsa (f)	كنيسة

istituto (m)	kulliyya (m)	كلّيّة
università (f)	ʒāmiʻa (f)	جامعة
scuola (f)	madrasa (f)	مدرسة

prefettura (f)	muqātaʻa (f)	مقاطعة
municipio (m)	baladiyya (f)	بلديّة
albergo, hotel (m)	funduq (m)	فندق
banca (f)	bank (m)	بنك

ambasciata (f)	safāra (f)	سفارة
agenzia (f) di viaggi	ʃarikat siyāha (f)	شركة سياحة
ufficio (m) informazioni	maktab al istiʻlāmāt (m)	مكتب الإستعلامات
ufficio (m) dei cambi	sarrāfa (f)	صرّافة

metropolitana (f)	mitru (m)	مترو
ospedale (m)	mustaʃfa (m)	مستشفى

distributore (m) di benzina	mahattat banzīn (f)	محطّة بنزين
parcheggio (m)	mawqif as sayyārāt (m)	موقف السيّارات

30. Cartelli

insegna (f) (di negozi, ecc.)	lāfita (f)	لافتة
iscrizione (f)	bayān (m)	بيان
cartellone (m)	mulsaq iʻlāniy (m)	ملصق إعلانيّ
segnale (m) di direzione	ʻalāmat ittiʒāh (f)	علامة إتّجاه
freccia (f)	ʻalāmat iʃāra (f)	علامة إشارة

avvertimento (m)	tahðīr (m)	تحذير
avviso (m)	lāfitat tahðīr (f)	لافتة تحذير
avvertire, avvisare (vt)	haððar	حذّر

giorno (m) di riposo	yawm ʻutla (m)	يوم عطلة
orario (m)	ʒadwal (m)	جدول
orario (m) di apertura	awqāt al ʻamal (pl)	أوقات العمل

BENVENUTI!	ahlan wa sahlan!	أهلًا وسهلًا
ENTRATA	duχūl	دخول
USCITA	χurūʒ	خروج
SPINGERE	idfaʻ	إدفع

TIRARE	ishab	إسحب
APERTO	maftūh	مفتوح
CHIUSO	muɣlaq	مغلق

| DONNE | lis sayyidāt | للسيدات |
| UOMINI | lir riʒāl | للرجال |

SCONTI	xaṣm	خصم
SALDI	taxfiḍāt	تخفيضات
NOVITÀ!	ʒadīd!	جديد!
GRATIS	maʒʒānan	مجَّانًا

ATTENZIONE!	intibāh!	إنتباه!
COMPLETO	kull al amākin mahʒūza	كل الأماكن محجوزة
RISERVATO	mahʒūz	محجوز

| AMMINISTRAZIONE | idāra | إدارة |
| RISERVATO AL PERSONALE | lil 'āmilīn faqaṭ | للعاملين فقط |

ATTENTI AL CANE	ihðar wuʒūd al kalb	إحذر وجود الكلب
VIETATO FUMARE!	mamnū' at tadxīn	ممنوع التدخين
NON TOCCARE	'adam al lams	عدم اللمس

PERICOLOSO	xaṭīr	خطير
PERICOLO	xaṭar	خطر
ALTA TENSIONE	tayyār 'āli	تيَّار عالي
DIVIETO DI BALNEAZIONE	as sibāha mamnū'a	السباحة ممنوعة
GUASTO	mu'aṭṭal	معطّل

INFIAMMABILE	sarī' al iʃti'āl	سريع الإشتعال
VIETATO	mamnū'	ممنوع
VIETATO L'INGRESSO	mamnū' al murūr	ممنوع المرور
VERNICE FRESCA	ihðar ṭilā' ɣayr ʒāff	إحذر طلاء غير جاف

31. Acquisti

comprare (vt)	iʃtara	إشترى
acquisto (m)	ʃay' (m)	شيء
fare acquisti	iʃtara	إشترى
shopping (m)	ʃubinɣ (m)	شوبينغ

| essere aperto (negozio) | maftūh | مفتوح |
| essere chiuso | muɣlaq | مغلق |

calzature (f pl)	ahðiya (pl)	أحذية
abbigliamento (m)	malābis (pl)	ملابس
cosmetica (f)	mawādd at taʒmīl (pl)	موادّ التجميل
alimentari (m pl)	ma'kūlāt (pl)	مأكولات
regalo (m)	hadiyya (f)	هديّة

commesso (m)	bā'i' (m)	بائع
commessa (f)	bā'i'a (f)	بائعة
cassa (f)	ṣundū' ad daf' (m)	صندوق الدفع

39

14

specchio (m)	mir'āt (f)	مرآة
banco (m)	mindada (f)	منضدة
camerino (m)	ɣurfat al qiyās (f)	غرفة القياس

provare (~ un vestito)	ʒarrab	جرّب
stare bene (vestito)	nāsab	ناسب
piacere (vi)	aʻʒab	أعجب

prezzo (m)	siʻr (m)	سعر
etichetta (f) del prezzo	tikit as siʻr (m)	تيكت السعر
costare (vt)	kallaf	كلّف
Quanto?	bikam?	بكم؟
sconto (m)	xaṣm (m)	خصم

no muy caro (agg)	ɣayr ɣāli	غير غال
a buon mercato	raxīṣ	رخيص
caro (agg)	ɣāli	غال
È caro	haða ɣāli	هذا غال

noleggio (m)	istiʼʒār (m)	إستئجار
noleggiare (~ un abito)	istaʼʒar	إستأجر
credito (m)	iʼtimān (m)	إئتمان
a credito	bid dayn	بالدين

ABBIGLIAMENTO E ACCESSORI

32. Indumenti. Soprabiti

vestiti (m pl)	malābis (pl)	ملابس
soprabito (m)	malābis fawqāniyya (pl)	ملابس فوقانيّة
abiti (m pl) invernali	malābis ʃitawiyya (pl)	ملابس شتويّة
cappotto (m)	mi'ṭaf (m)	معطف
pelliccia (f)	mi'taf farw (m)	معطف فرو
pellicciotto (m)	ʒakīt farw (m)	جاكيت فرو
piumino (m)	haʃiyyat rīʃ (m)	حشية ريش
giubbotto (m), giaccha (f)	ʒākīt (m)	جاكيت
impermeabile (m)	mi'ṭaf lil maṭar (m)	معطف للمطر
impermeabile (agg)	ṣāmid lil mā'	صامد للماء

33. Abbigliamento uomo e donna

camicia (f)	qamīṣ (m)	قميص
pantaloni (m pl)	banṭalūn (m)	بنطلون
jeans (m pl)	ʒīnz (m)	جينز
giacca (f) (~ di tweed)	sutra (f)	سترة
abito (m) da uomo	badla (f)	بدلة
abito (m)	fustān (m)	فستان
gonna (f)	tannūra (f)	تنّورة
camicetta (f)	blūza (f)	بلوزة
giacca (f) a maglia	kardigān (m)	كارديجان
giacca (f) tailleur	ʒākīt (m)	جاكيت
maglietta (f)	ti ʃirt (m)	تي شيرت
pantaloni (m pl) corti	ʃūrt (m)	شورت
tuta (f) sportiva	badlat at tadrīb (f)	بدلة التدريب
accappatoio (m)	θawb hammām (m)	ثوب حمّام
pigiama (m)	biʒāma (f)	بيجاما
maglione (m)	bulūvir (m)	بلوفر
pullover (m)	bulūvir (m)	بلوفر
gilè (m)	ṣudayriy (m)	صديريّ
frac (m)	badlat sahra (f)	بدلة سهرة
smoking (m)	smūkin (m)	سموكن
uniforme (f)	zayy muwaḥḥad (m)	زي موحّد
tuta (f) da lavoro	θiyāb al 'amal (m)	ثياب العمل
salopette (f)	uvirūl (m)	اوفرول
camice (m) (~ del dottore)	θawb (m)	ثوب

34. Abbigliamento. Biancheria intima

biancheria (f) intima	malābis dāχiliyya (pl)	ملابس داخلِيّة
boxer (m pl)	sirwāl dāχiliy riǧāliy (m)	سروال داخلي رجالي
mutandina (f)	sirwāl dāχiliy nisā'iy (m)	سروال داخلي نسائي
maglietta (f) intima	qamīṣ bila aqmām (m)	قميص بلا أكمام
calzini (m pl)	ǧawārib (pl)	جوارب
camicia (f) da notte	qamīṣ nawm (m)	قميص نوم
reggiseno (m)	ḥammālat ṣadr (f)	حمّالة صدر
calzini (m pl) alti	ǧawārib ṭawīla (pl)	جوارب طويلة
collant (m)	ǧawārib kulūn (pl)	جوارب كولون
calze (f pl)	ǧawārib nisā'iyya (pl)	جوارب نسائية
costume (m) da bagno	libās sibāḥa (m)	لباس سباحة

35. Copricapo

cappello (m)	qubba'a (f)	قبّعة
cappello (m) di feltro	burnayṭa (f)	برنيطة
cappello (m) da baseball	kāb baysbūl (m)	كاب بيسبول
coppola (f)	qubba'a musaṭṭaḥa (f)	قبّعة مسطحة
basco (m)	birīh (m)	بيريه
cappuccio (m)	γiṭā' (m)	غطاء
panama (m)	qubba'at banāma (f)	قبّعة بناما
berretto (m) a maglia	qubbā'a maḥbūka (m)	قبّعة محبوكة
fazzoletto (m) da capo	'iǧārb (m)	إيشارب
cappellino (m) donna	burnayṭa (f)	برنيطة
casco (m) (~ di sicurezza)	χūða (f)	خوذة
bustina (f)	kāb (m)	كاب
casco (m) (~ moto)	χūða (f)	خوذة
bombetta (f)	qubba'at dirbi (f)	قبّعة ديربي
cilindro (m)	qubba'a 'āliya (f)	قبّعة عالية

36. Calzature

calzature (f pl)	aḥðiya (pl)	أحذية
stivaletti (m pl)	ǧazma (f)	جزمة
scarpe (f pl)	ǧazma (f)	جزمة
stivali (m pl)	būt (m)	بوت
pantofole (f pl)	ʃibʃib (m)	شبشب
scarpe (f pl) da tennis	ḥiðā' riyāḍiy (m)	حذاء رياضيّ
scarpe (f pl) da ginnastica	kutʃi (m)	كوتشي
sandali (m pl)	ṣandal (pl)	صندل
calzolaio (m)	iskāfiy (m)	إسكافيّ
tacco (m)	ka'b (m)	كعب

paio (m)	zawӡ (m)	زوج
laccio (m)	ʃarīṭ (m)	شريط
allacciare (vt)	rabaṭ	ربط
calzascarpe (m)	labbāsat ḥiðāʾ (f)	لبّاسة حذاء
lucido (m) per le scarpe	warnīʃ al ḥiðāʾ (m)	ورنيش الحذاء

37. Accessori personali

guanti (m pl)	quffāz (m)	قفّاز
manopole (f pl)	quffāz muɣlaq (m)	قفّاز مغلق
sciarpa (f)	ʈʃārb (m)	إيشارب

occhiali (m pl)	nazzāra (f)	نظّارة
montatura (f)	iṭār (m)	إطار
ombrello (m)	ʃamsiyya (f)	شمسيّة
bastone (m)	ʿaṣa (f)	عصا
spazzola (f) per capelli	furʃat ʃaʿr (f)	فرشة شعر
ventaglio (m)	mirwaḥa yadawiyya (f)	مروحة يدويّة

cravatta (f)	karavatta (f)	كرافتة
cravatta (f) a farfalla	babyūn (m)	بابيون
bretelle (f pl)	ḥammāla (f)	حمّالة
fazzoletto (m)	mandīl (m)	منديل

pettine (m)	miʃṭ (m)	مشط
fermaglio (m)	dabbūs (m)	دبّوس
forcina (f)	bansa (m)	بنسة
fibbia (f)	bukla (f)	بكلة

cintura (f)	ḥizām (m)	حزام
spallina (f)	ḥammalat al katf (f)	حمّالة الكتف

borsa (f)	ʃanṭa (f)	شنطة
borsetta (f)	ʃanṭat yad (f)	شنطة يد
zaino (m)	ḥaqībat ẓahr (f)	حقيبة ظهر

38. Abbigliamento. Varie

moda (f)	mūḍa (f)	موضة
di moda	fil mūḍa	في الموضة
stilista (m)	muṣammim azyāʾ (m)	مصمّم أزياء

collo (m)	yāqa (f)	ياقة
tasca (f)	ӡayb (m)	جيب
tascabile (agg)	ӡayb	جيب
manica (f)	kumm (m)	كمّ
asola (f) per appendere	ʿallāqa (f)	علّاقة
patta (f) (~ dei pantaloni)	lisān (m)	لسان

cerniera (f) lampo	zimām munzaliq (m)	زمام منزلق
chiusura (f)	miʃbak (m)	مشبك
bottone (m)	zirr (m)	زرّ

| occhiello (m) | 'urwa (f) | عروة |
| staccarsi (un bottone) | waqa' | وقع |

cucire (vi, vt)	χāṭ	خاط
ricamare (vi, vt)	ṭarraz	طرّز
ricamo (m)	taṭrīz (m)	تطريز
ago (m)	ibra (f)	إبرة
filo (m)	χayṭ (m)	خيط
cucitura (f)	darz (m)	درز

sporcarsi (vr)	tawassaχ	توسّخ
macchia (f)	buq'a (f)	بقعة
sgualcirsi (vr)	takarmaʃ	تكرمش
strappare (vt)	qaṭṭa'	قطّع
tarma (f)	'uθθa (f)	عثّة

39. Cura della persona. Cosmetici

dentifricio (m)	ma'ʒūn asnān (m)	معجون أسنان
spazzolino (m) da denti	furʃat asnān (f)	فرشة أسنان
lavarsi i denti	nazẓaf al asnān	نظّف الأسنان

rasoio (m)	mūs ḥilāqa (m)	موس حلاقة
crema (f) da barba	krīm ḥilāqa (m)	كريم حلاقة
rasarsi (vr)	ḥalaq	حلق

| sapone (m) | ṣābūn (m) | صابون |
| shampoo (m) | ʃāmbū (m) | شامبو |

forbici (f pl)	maqaṣṣ (m)	مقصّ
limetta (f)	mibrad (m)	مبرد
tagliaunghie (m)	milqaṭ (m)	ملقط
pinzette (f pl)	milqaṭ (m)	ملقط

cosmetica (f)	mawādd at taʒmīl (pl)	موادّ التجميل
maschera (f) di bellezza	mask (m)	ماسك
manicure (m)	manikūr (m)	مانيكور
fare la manicure	'amal manikūr	عمل مانيكور
pedicure (m)	badikīr (m)	باديكير

borsa (f) del trucco	ḥaqībat adawāt at taʒmīl (f)	حقيبة أدوات التجميل
cipria (f)	budrat waʒh (f)	بودرة وجه
portacipria (m)	'ulbat būdra (f)	علبة بودرة
fard (m)	aḥmar χudūd (m)	أحمر خدود

profumo (m)	'iṭr (m)	عطر
acqua (f) da toeletta	kulūnya (f)	كولونيا
lozione (f)	lusiyun (m)	لوسيون
acqua (f) di Colonia	kulūniya (f)	كولونيا

ombretto (m)	ay ʃaduw (m)	اي شادو
eyeliner (m)	kuḥl al 'uyūn (m)	كحل العيون
mascara (m)	maskara (f)	ماسكارا
rossetto (m)	aḥmar ʃifāh (m)	أحمر شفاه

smalto (m)	mulammi' al aẓāfir (m)	ملمّع الاظافر
lacca (f) per capelli	muθabbit aʃ ʃaʿr (m)	مثبّت الشعر
deodorante (m)	muzīl rawā'iḥ (m)	مزيل روائح
crema (f)	krīm (m)	كريم
crema (f) per il viso	krīm lil waʒh (m)	كريم للوجه
crema (f) per le mani	krīm lil yadayn (m)	كريم لليدين
crema (f) antirughe	krīm muḍādd lit taʒāʿīd (m)	كريم مضادّ للتجاعيد
crema (f) da giorno	krīm an nahār (m)	كريم النهار
crema (f) da notte	krīm al layl (m)	كريم الليل
da giorno	nahāriy	نهاريّ
da notte	layliy	ليلي
tampone (m)	tambūn (m)	تانبون
carta (f) igienica	waraq ḥammām (m)	ورق حمّام
fon (m)	muʒaffif ʃaʿr (m)	مجفّف شعر

40. Orologi da polso. Orologio

orologio (m) (~ da polso)	sāʿa (f)	ساعة
quadrante (m)	waʒh as sāʿa (m)	وجه الساعة
lancetta (f)	ʿaqrab as sāʿa (m)	عقرب الساعة
braccialetto (m)	siwār sāʿa maʿdaniyya (m)	سوار ساعة معدنية
cinturino (m)	siwār sāʿa (m)	سوار ساعة
pila (f)	baṭṭāriyya (f)	بطّاريّة
essere scarico	tafarraɣ	تفرّغ
cambiare la pila	ɣayyar al baṭṭāriyya	غيّر البطّاريّة
andare avanti	sabaq	سبق
andare indietro	ta'axxar	تأخّر
orologio (m) da muro	sāʿat ḥā'iṭ (f)	ساعة حائط
clessidra (f)	sāʿa ramliyya (f)	ساعة رملية
orologio (m) solare	sāʿa ʃamsiyya (f)	ساعة شمسيّة
sveglia (f)	munabbih (m)	منبّه
orologiaio (m)	saʿātiy (m)	ساعاتيّ
riparare (vt)	aṣlaḥ	أصلح

L'ESPERIENZA QUOTIDIANA

41. Denaro

soldi (m pl)	nuqūd (pl)	نقود
cambio (m)	taḥwīl 'umla (m)	تحويل عملة
corso (m) di cambio	si'r aṣ ṣarf (m)	سعر الصرف
bancomat (m)	ṣarrāf 'āliy (m)	صرّاف آليّ
moneta (f)	qiṭ'a naqdiyya (f)	قطعة نقدية
dollaro (m)	dulār (m)	دولار
euro (m)	yuru (m)	يورو
lira (f)	lira iṭāliyya (f)	ليرة إيطالية
marco (m)	mark almāniy (m)	مارك ألماني
franco (m)	frank (m)	فرنك
sterlina (f)	ʒunayh istirlīniy (m)	جنيه استرليني
yen (m)	yīn (m)	ين
debito (m)	dayn (m)	دين
debitore (m)	mudīn (m)	مدين
prestare (~ i soldi)	sallaf	سلف
prendere in prestito	istalaf	إستلف
banca (f)	bank (m)	بنك
conto (m)	ḥisāb (m)	حساب
versare (vt)	awda'	أودع
versare sul conto	awda' fil ḥisāb	أودع في الحساب
prelevare dal conto	saḥab min al ḥisāb	سحب من الحساب
carta (f) di credito	biṭāqat i'timān (f)	بطاقة إئتمان
contanti (m pl)	nuqūd (pl)	نقود
assegno (m)	ʃīk (m)	شيك
emettere un assegno	katab ʃīk	كتب شيكًا
libretto (m) di assegni	daftar ʃīkāt (m)	دفتر شيكات
portafoglio (m)	maḥfaẓat ʒīb (f)	محفظة جيب
borsellino (m)	maḥfaẓat fakka (f)	محفظة فكّة
cassaforte (f)	xizāna (f)	خزانة
erede (m)	wāris (m)	وارث
eredità (f)	wirāθa (f)	وراثة
fortuna (f)	θarwa (f)	ثروة
affitto (m), locazione (f)	'īʒār (m)	إيجار
canone (m) d'affitto	uʒrat as sakan (f)	أجرة السكن
affittare (dare in affitto)	ista'ʒar	إستأجر
prezzo (m)	si'r (m)	سعر
costo (m)	θaman (m)	ثمن

somma (f)	mablaɣ (m)	مبلغ
spendere (vt)	ṣaraf	صرف
spese (f pl)	maṣārīf (pl)	مصاريف
economizzare (vi, vt)	waffar	وفّر
economico (agg)	muwaffir	موفّر

pagare (vi, vt)	dafaʻ	دفع
pagamento (m)	dafʻ (m)	دفع
resto (m) (dare il ~)	al bāqi (m)	الباقي

imposta (f)	ḍarība (f)	ضريبة
multa (f), ammenda (f)	ɣarāma (f)	غرامة
multare (vt)	faraḍ ɣarāma	فرض غرامة

42. Posta. Servizio postale

ufficio (m) postale	maktab al barīd (m)	مكتب البريد
posta (f) (lettere, ecc.)	al barīd (m)	البريد
postino (m)	sāʻi al barīd (m)	ساعي البريد
orario (m) di apertura	awqāt al ʻamal (pl)	أوقات العمل

lettera (f)	risāla (f)	رسالة
raccomandata (f)	risāla musaʒʒala (f)	رسالة مسجّلة
cartolina (f)	biṭāqa barīdiyya (f)	بطاقة بريدية
telegramma (m)	barqiyya (f)	برقيّة
pacco (m) postale	ṭard (m)	طرد
vaglia (m) postale	ḥawāla māliyya (f)	حوالة ماليّة

ricevere (vt)	istalam	إستلم
spedire (vt)	arsal	أرسل
invio (m)	irsāl (m)	إرسال
indirizzo (m)	ʻunwān (m)	عنوان
codice (m) postale	raqm al barīd (m)	رقم البريد
mittente (m)	mursil (m)	مرسل
destinatario (m)	mursal ilayh (m)	مرسل إليه

nome (m)	ism (m)	إسم
cognome (m)	ism al ʻāʼila (m)	إسم العائلة
tariffa (f)	taʻrīfa (f)	تعريفة
ordinario (agg)	ʻādiy	عاديّ
standard (agg)	muwaffir	موفّر

peso (m)	wazn (m)	وزن
pesare (vt)	wazan	وزن
busta (f)	ẓarf (m)	ظرف
francobollo (m)	ṭābiʻ (m)	طابع
affrancare (vt)	alṣaq ṭābiʻ	ألصق طابعا

43. Attività bancaria

| banca (f) | bank (m) | بنك |
| filiale (f) | farʻ (m) | فرع |

| consulente (m) | muwazzaf bank (m) | موظّف بنك |
| direttore (m) | mudīr (m) | مدير |

conto (m) bancario	ḥisāb (m)	حساب
numero (m) del conto	raqm al ḥisāb (m)	رقم الحساب
conto (m) corrente	ḥisāb ӡāri (m)	حساب جار
conto (m) di risparmio	ḥisāb tawfīr (m)	حساب توفير

aprire un conto	fataḥ ḥisāb	فتح حسابا
chiudere il conto	aɣlaq ḥisāb	أغلق حسابا
versare sul conto	awda' fil ḥisāb	أودع في الحساب
prelevare dal conto	saḥab min al ḥisāb	سحب من الحساب

deposito (m)	wadī'a (f)	وديعة
depositare (vt)	awda'	أودع
trasferimento (m) telegrafico	ḥawāla (f)	حوالة
rimettere i soldi	ḥawwal	حوّل

| somma (f) | mablaɣ (m) | مبلغ |
| Quanto? | kam? | كم؟ |

| firma (f) | tawqī' (m) | توقيع |
| firmare (vt) | waqqa' | وقّع |

carta (f) di credito	biṭāqat i'timān (f)	بطاقة ائتمان
codice (m)	kūd (m)	كود
numero (m) della carta di credito	raqm biṭāqat i'timān (m)	رقم بطاقة إئتمان
bancomat (m)	ṣarrāf 'āliy (m)	صرّاف آليّ

assegno (m)	ʃīk (m)	شيك
emettere un assegno	katab ʃīk	كتب شيكًا
libretto (m) di assegni	daftar ʃīkāt (m)	دفتر شيكات

prestito (m)	qarḍ (m)	قرض
fare domanda per un prestito	qaddam ṭalab lil ḥuṣūl 'ala qarḍ	قدّم طلبا للحصول على قرض
ottenere un prestito	ḥaṣal 'ala qarḍ	حصل على قرض
concedere un prestito	qaddam qarḍ	قدّم قرضا
garanzia (f)	ḍamān (m)	ضمان

44. Telefono. Conversazione telefonica

telefono (m)	hātif (m)	هاتف
telefonino (m)	hātif maḥmūl (m)	هاتف محمول
segreteria (f) telefonica	muӡīb al hātif (m)	مجيب الهاتف

| telefonare (vi, vt) | ittaṣal | إتّصل |
| chiamata (f) | mukālama tilifuniyya (f) | مكالمة تليفونية |

comporre un numero	ittaṣal bi raqm	إتّصل برقم
Pronto!	alu!	ألو!
chiedere (domandare)	sa'al	سأل
rispondere (vi, vt)	radd	ردّ

udire (vt)	samiʿ	سمع
bene	ӡayyidan	جيّداً
male	sayyi'an	سيّئاً
disturbi (m pl)	taʃwīʃ (m)	تشويش

cornetta (f)	sammāʿa (f)	سمّاعة
alzare la cornetta	rafaʿ as sammāʿa	رفع السمّاعة
riattaccare la cornetta	qafal as sammāʿa	قفل السمّاعة

occupato (agg)	maʃɣūl	مشغول
squillare (del telefono)	rann	رنّ
elenco (m) telefonico	daIīl at tilifūn (m)	دليل التليفون

locale (agg)	mahalliyya	ة محلّيّة
telefonata (f) urbana	mukālama hātifiyya mahalliyya (f)	مكالمة هاتفيّة محلّيّة
interurbano (agg)	baʿīd al mada	بعيد المدى
telefonata (f) interurbana	mukālama baʿīdat al mada (f)	مكالمة بعيدة المدى
internazionale (agg)	duwaliy	دوليّ
telefonata (f) internazionale	mukālama duwaliyya (f)	مكالمة دوليّة

45. Telefono cellulare

telefonino (m)	hātif mahmūl (m)	هاتف محمول
schermo (m)	ӡihāz ʿarḍ (m)	جهاز عرض
tasto (m)	zirr (m)	زرّ
scheda SIM (f)	sim kart (m)	سيم كارت

pila (f)	battāriyya (f)	بطاريّة
essere scarico	xalaṣat	خلصت
caricabatteria (m)	ʃāhin (m)	شاحن

menù (m)	qā'ima (f)	قائمة
impostazioni (f pl)	awḍāʿ (pl)	أوضاع
melodia (f)	naɣma (f)	نغمة
scegliere (vt)	ixtār	إختار

calcolatrice (f)	'āla hāsiba (f)	آلة حاسبة
segreteria (f) telefonica	barīd ṣawtiy (m)	بريد صوتيّ
sveglia (f)	munabbih (m)	منبّه
contatti (m pl)	ӡihāt al ittiṣāl (pl)	جهات الإتّصال

| messaggio (m) SMS | risāla qaṣīra ɛsɛmɛs (f) | رسالة قصيرة sms |
| abbonato (m) | muʃtarik (m) | مشترك |

46. Articoli di cancelleria

| penna (f) a sfera | qalam ӡāf (m) | قلم جاف |
| penna (f) stilografica | qalam rīʃa (m) | قلم ريشة |

| matita (f) | qalam ruṣāṣ (m) | قلم رصاص |
| evidenziatore (m) | markir (m) | ماركر |

pennarello (m)	qalam χaṭṭāṭ (m)	قلم خطاط
taccuino (m)	muðakkira (f)	مذكرة
agenda (f)	ӡadwal al a'māl (m)	جدول الأعمال

righello (m)	masṭara (f)	مسطرة
calcolatrice (f)	'āla ḥāsiba (f)	آلة حاسبة
gomma (f) per cancellare	astīka (f)	استيكة
puntina (f)	dabbūs (m)	دبّوس
graffetta (f)	dabbūs waraq (m)	دبّوس ورق

colla (f)	ṣamχ (m)	صمغ
pinzatrice (f)	dabbāsa (f)	دبّاسة
perforatrice (f)	χarrāma (m)	خرّامة
temperamatite (m)	mibrāt (f)	مبراة

47. Lingue straniere

lingua (f)	luγa (f)	لغة
straniero (agg)	aӡnabiy	أجنبيّ
lingua (f) straniera	luγa aӡnabiyya (f)	لغة أجنبيّة
studiare (vt)	daras	درس
imparare (una lingua)	ta'allam	تعلّم

leggere (vi, vt)	qara'	قرأ
parlare (vi, vt)	takallam	تكلّم
capire (vt)	fahim	فهم
scrivere (vi, vt)	katab	كتب

rapidamente	bi sur'a	بسرعة
lentamente	bi buṭ'	ببطء
correntemente	bi ṭalāqa	بطلاقة

regole (f pl)	qawā'id (pl)	قواعد
grammatica (f)	an naḥw waṣ ṣarf (m)	النحو والصرف
lessico (m)	mufradāt al luγa (pl)	مفردات اللغة
fonetica (f)	ṣawtīyyāt (pl)	صوتيّات

manuale (m)	kitāb ta'līm (m)	كتاب تعليم
dizionario (m)	qāmūs (m)	قاموس
manuale (m) autodidattico	kitāb ta'līm ðātiy (m)	كتاب تعليم ذاتيّ
frasario (m)	kitāb lil 'ibārāt aʃʃā'i'a (m)	كتاب للعبارت الشائعة

cassetta (f)	ʃarīṭ (m)	شريط
videocassetta (f)	ʃarīṭ vidiyu (m)	شريط فيديو
CD (m)	si di (m)	سي دي
DVD (m)	di vi di (m)	دي في دي

alfabeto (m)	alifbā' (m)	الفباء
compitare (vt)	tahaӡӡa	تهجّى
pronuncia (f)	nuṭq (m)	نطق

accento (m)	lukna (f)	لكنة
con un accento	bi lukna	بلكنة
senza accento	bi dūn lukna	بدون لكنة

vocabolo (m)	kalima (f)	كلمة
significato (m)	ma'na (m)	معنى
corso (m) (~ di francese)	dawra (f)	دورة
iscriversi (vr)	saʒʒal ismahu	سجّل إسمه
insegnante (m, f)	mudarris (m)	مدرّس
traduzione (f) (fare una ~)	tarʒama (f)	ترجمة
traduzione (f) (un testo)	tarʒama (f)	ترجمة
traduttore (m)	mutarʒim (m)	مترجم
interprete (m)	mutarʒim fawriy (m)	مترجم فوريّ
poliglotta (m)	'alīm bi 'iddat luɣāt (m)	عليم بعدّة لغات
memoria (f)	ðākira (f)	ذاكرة

PASTI. RISTORANTE

48. Preparazione della tavola

cucchiaio (m)	mil'aqa (f)	ملعقة
coltello (m)	sikkīn (m)	سكّين
forchetta (f)	ʃawka (f)	شوكة
tazza (f)	finʒān (m)	فنجان
piatto (m)	ṭabaq (m)	طبق
piattino (m)	ṭabaq finʒān (m)	طبق فنجان
tovagliolo (m)	mandīl (m)	منديل
stuzzicadenti (m)	χallat asnān (f)	خلّة أسنان

49. Ristorante

ristorante (m)	maṭ'am (m)	مطعم
caffè (m)	kafé (m), maqha (m)	كافيه، مقهى
pub (m), bar (m)	bār (m)	بار
sala (f) da tè	ṣālun ʃāy (m)	صالون شاي
cameriere (m)	nādil (m)	نادل
cameriera (f)	nādila (f)	نادلة
barista (m)	bārman (m)	بارمان
menù (m)	qāʾimat aṭ ṭaʿām (f)	قائمة طعام
lista (f) dei vini	qāʾimat al χumūr (f)	قائمة خمور
prenotare un tavolo	haʒaz māʾida	حجز مائدة
piatto (m)	waʒba (f)	وجبة
ordinare (~ il pranzo)	ṭalab	طلب
fare un'ordinazione	ṭalab	طلب
aperitivo (m)	ʃarāb (m)	شراب
antipasto (m)	muqabbilāt (pl)	مقبّلات
dolce (m)	halawiyyāt (pl)	حلويّات
conto (m)	hisāb (m)	حساب
pagare il conto	dafaʿ al hisāb	دفع الحساب
dare il resto	aʿta al bāqi	أعطى الباقي
mancia (f)	baqʃīʃ (m)	بقشيش

50. Pasti

cibo (m)	akl (m)	أكل
mangiare (vi, vt)	akal	أكل

colazione (f)	fuṭūr (m)	فطور
fare colazione	afṭar	أفطر
pranzo (m)	ɣadā' (m)	غداء
pranzare (vi)	taɣadda	تغدّى
cena (f)	'aʃā' (m)	عشاء
cenare (vi)	ta'aʃʃa	تعشّى

appetito (m)	ʃahiyya (f)	شهيّة
Buon appetito!	hanī'an marī'an!	هنيئًا مريئًا!

aprire (vt)	fataḥ	فتح
rovesciare (~ il vino, ecc.)	dalaq	دلق
rovesciarsi (vr)	indalaq	إندلق

bollire (vi)	ɣala	غلى
far bollire	ɣala	غلى
bollito (agg)	maɣliy	مغليّ
raffreddare (vt)	barrad	برّد
raffreddarsi (vr)	tabarrad	تبرّد

gusto (m)	ṭa'm (m)	طعم
retrogusto (m)	al maðāq al 'āliq fil fam (m)	المذاق العالق فى الفم

essere a dieta	faqad al wazn	فقد الوزن
dieta (f)	ḥimya ɣaðā'iyya (f)	حمية غذائية
vitamina (f)	vitamīn (m)	فيتامين
caloria (f)	su'ra ḥarāriyya (f)	سعرة حراريّة
vegetariano (m)	nabātiy (m)	نباتيّ
vegetariano (agg)	nabātiy	نباتيّ

grassi (m pl)	duhūn (pl)	دهون
proteine (f pl)	brutināt (pl)	بروتينات
carboidrati (m pl)	naʃawiyyāt (pl)	نشويّات
fetta (f), fettina (f)	ʃarīḥa (f)	شريحة
pezzo (m) (~ di torta)	qiṭ'a (f)	قطعة
briciola (f) (~ di pane)	futāta (f)	فتاتة

51. Pietanze cucinate

piatto (m) (~ principale)	waʒba (f)	وجبة
cucina (f)	maṭbaχ (m)	مطبخ
ricetta (f)	waṣfa (f)	وصفة
porzione (f)	waʒba (f)	وجبة

insalata (f)	sulṭa (f)	سلطة
minestra (f)	ʃūrba (f)	شوربة

brodo (m)	maraq (m)	مرق
panino (m)	sandawitʃ (m)	ساندويتش
uova (f pl) al tegamino	bayḍ maqliy (m)	بيض مقليّ

hamburger (m)	hamburger (m)	هامبورجر
bistecca (f)	biftīk (m)	بفتيك
contorno (m)	ṭabaq ʒānibiy (m)	طبق جانبيّ

spaghetti (m pl)	spaɣitti (m)	سباغيتي
purè (m) di patate	harīs batātis (m)	هرس بطاطس
pizza (f)	bītza (f)	بيتزا
porridge (m)	ʿasīda (f)	عصيدة
frittata (f)	bayḍ maxfūq (m)	بيض مخفوق

bollito (agg)	maslūq	مسلوق
affumicato (agg)	mudaxxin	مدخن
fritto (agg)	maqliy	مقلي
secco (agg)	muʒaffaf	مجفف
congelato (agg)	muʒammad	مجمّد
sottoaceto (agg)	muxallil	مخلل

dolce (gusto)	musakkar	مسكّر
salato (agg)	māliḥ	مالح
freddo (agg)	bārid	بارد
caldo (agg)	sāxin	ساخن
amaro (agg)	murr	مرّ
buono, gustoso (agg)	laðīð	لذيذ

cuocere, preparare (vt)	ṭabax	طبخ
cucinare (vi)	ḥaḍḍar	حضّر
friggere (vt)	qala	قلى
riscaldare (vt)	saxxan	سخّن

salare (vt)	mallaḥ	ملّح
pepare (vt)	falfal	فلفل
grattugiare (vt)	baʃar	بشر
buccia (f)	qiʃra (f)	قشرة
sbucciare (vt)	qaʃʃar	قشّر

52. Cibo

carne (f)	laḥm (m)	لحم
pollo (m)	daʒāʒ (m)	دجاج
pollo (m) novello	farrūʒ (m)	فرّوج
anatra (f)	batta (f)	بطة
oca (f)	iwazza (f)	إوزّة
cacciagione (f)	ṣayd (m)	صيد
tacchino (m)	daʒāʒ rūmiy (m)	دجاج رومي

maiale (m)	laḥm al xinzīr (m)	لحم الخنزير
vitello (m)	laḥm il ʿiʒl (m)	لحم العجل
agnello (m)	laḥm aḍ ḍa'n (m)	لحم الضأن
manzo (m)	laḥm al baqar (m)	لحم البقر
coniglio (m)	arnab (m)	أرنب

salame (m)	suʒuq (m)	سجق
w?rstel (m)	suʒuq (m)	سجق
pancetta (f)	bikūn (m)	بيكون
prosciutto (m)	hām (m)	هام
prosciutto (m) affumicato	faxð xinzīr (m)	فخذ خنزير
pâté (m)	maʿʒūn laḥm (m)	معجون لحم
fegato (m)	kibda (f)	كبدة

carne (f) trita	ḥaʃwa (f)	حشوة
lingua (f)	lisān (m)	لسان
uovo (m)	bayḍa (f)	بيضة
uova (f pl)	bayḍ (m)	بيض
albume (m)	bayāḍ al bayḍ (m)	بياض البيض
tuorlo (m)	ṣafār al bayḍ (m)	صفار البيض
pesce (m)	samak (m)	سمك
frutti (m pl) di mare	fawākih al baḥr (pl)	فواكه البحر
caviale (m)	kaviyār (m)	كافيار
granchio (m)	salṭaʿūn (m)	سلطعون
gamberetto (m)	ʒambari (m)	جمبري
ostrica (f)	maḥār (m)	محار
aragosta (f)	karkand ʃāik (m)	كركند شائك
polpo (m)	uxṭubūṭ (m)	أخطبوط
calamaro (m)	kalmāri (m)	كالماري
storione (m)	samak al ḥaʃʃ (m)	سمك الحفش
salmone (m)	salmūn (m)	سلمون
ippoglosso (m)	samak al halbūt (m)	سمك الهلبوت
merluzzo (m)	samak al qudd (m)	سمك القدّ
scombro (m)	usqumriy (m)	أسقمريّ
tonno (m)	tūna (f)	تونة
anguilla (f)	ḥankalīs (m)	حنكليس
trota (f)	salmūn muraqqaṭ (m)	سلمون مرقّط
sardina (f)	sardīn (m)	سردين
luccio (m)	samak al karāki (m)	سمك الكراكي
aringa (f)	rinʒa (f)	رنجة
pane (m)	xubz (m)	خبز
formaggio (m)	ʒubna (f)	جبنة
zucchero (m)	sukkar (m)	سكّر
sale (m)	milḥ (m)	ملح
riso (m)	urz (m)	أرز
pasta (f)	makarūna (f)	مكرونة
tagliatelle (f pl)	nūdlis (f)	نودلز
burro (m)	zubda (f)	زبدة
olio (m) vegetale	zayt (m)	زيت
olio (m) di girasole	zayt ʿabīd aʃʃams (m)	زيت عبيد الشمس
margarina (f)	marɣarīn (m)	مرغرين
olive (f pl)	zaytūn (m)	زيتون
olio (m) d'oliva	zayt az zaytūn (m)	زيت الزيتون
latte (m)	ḥalīb (m)	حليب
latte (m) condensato	ḥalīb mukaθθaf (m)	حليب مكثّف
yogurt (m)	yūɣurt (m)	يوغورت
panna (f) acida	krīma ḥāmiḍa (f)	كريمة حامضة
panna (f)	krīma (f)	كريمة
maionese (m)	mayunīz (m)	مايونيز

crema (f)	krīmat zubda (f)	كريمة زبدة
cereali (m pl)	ḥubūb (pl)	حبوب
farina (f)	daqīq (m)	دقيق
cibi (m pl) in scatola	mu'allabāt (pl)	معلّبات
fiocchi (m pl) di mais	kurn fliks (m)	كورن فليكس
miele (m)	'asal (m)	عسل
marmellata (f)	murabba (m)	مربّى
gomma (f) da masticare	'ilk (m)	علك

53. Bevande

acqua (f)	mā' (m)	ماء
acqua (f) potabile	mā' ʃurb (m)	ماء شرب
acqua (f) minerale	mā' ma'daniy (m)	ماء معدنيّ
liscia (non gassata)	bi dūn ɣāz	بدون غاز
gassata (agg)	mukarban	مكربن
frizzante (agg)	bil ɣāz	بالغاز
ghiaccio (m)	θalʒ (m)	ثلج
con ghiaccio	biθ θalʒ	بالثلج
analcolico (agg)	bi dūn kuḥūl	بدون كحول
bevanda (f) analcolica	maʃrūb ɣāziy (m)	مشروب غازي
bibita (f)	maʃrūb muθallaʒ (m)	مشروب مثلّج
limonata (f)	ʃarāb laymūn (m)	شراب ليمون
bevande (f pl) alcoliche	maʃrūbāt kuḥūliyya (pl)	مشروبات كحوليّة
vino (m)	nabīð (f)	نبيذ
vino (m) bianco	nibīð abyaḍ (m)	نبيذ أبيض
vino (m) rosso	nabīð aḥmar (m)	نبيذ أحمر
liquore (m)	liqiūr (m)	ليكيور
champagne (m)	ʃambāniya (f)	شمبانيا
vermouth (m)	virmut (m)	فيرموث
whisky	wiski (m)	وسكي
vodka (f)	vudka (f)	فودكا
gin (m)	ʒīn (m)	جين
cognac (m)	kunyāk (m)	كونياك
rum (m)	rum (m)	رم
caffè (m)	qahwa (f)	قهوة
caffè (m) nero	qahwa sāda (f)	قهوة سادة
caffè latte (m)	qahwa bil ḥalīb (f)	قهوة بالحليب
cappuccino (m)	kaputʃīnu (m)	كابتشينو
caffè (m) solubile	niskafi (m)	نيسكافيه
latte (m)	ḥalīb (m)	حليب
cocktail (m)	kuktayl (m)	كوكتيل
frullato (m)	milk ʃiyk (m)	ميلك شيك
succo (m)	'aṣīr (m)	عصير
succo (m) di pomodoro	'aṣīr ṭamāṭim (m)	عصير طماطم

succo (m) d'arancia	'aṣīr burtuqāl (m)	عصير برتقال
spremuta (f)	'aṣīr ṭāziȝ (m)	عصير طازج
birra (f)	bīra (f)	بيرة
birra (f) chiara	bīra χafīfa (f)	بيرة خفيفة
birra (f) scura	bīra ɣāmiqa (f)	بيرة غامقة
tè (m)	ʃāy (m)	شاي
tè (m) nero	ʃāy aswad (m)	شاي أسود
tè (m) verde	ʃāy aχḍar (m)	شاي أخضر

54. Verdure

ortaggi (m pl)	χuḍār (pl)	خضار
verdura (f)	χuḍrawāt waraqiyya (pl)	خضروات ورقيّة
pomodoro (m)	ṭamāṭim (f)	طماطم
cetriolo (m)	χiyār (m)	خيار
carota (f)	ȝazar (m)	جزر
patata (f)	baṭāṭis (f)	بطاطس
cipolla (f)	baṣal (m)	بصل
aglio (m)	θūm (m)	ثوم
cavolo (m)	kurumb (m)	كرنب
cavolfiore (m)	qarnabīṭ (m)	قرنبيط
cavoletti (m pl) di Bruxelles	kurumb brūksil (m)	كرنب بروكسل
broccolo (m)	brukuli (m)	بركولي
barbabietola (f)	banȝar (m)	بنجر
melanzana (f)	bātinȝān (m)	باذنجان
zucchina (f)	kūsa (f)	كوسة
zucca (f)	qar' (m)	قرع
rapa (f)	lift (m)	لفت
prezzemolo (m)	baqdūnis (m)	بقدونس
aneto (m)	ʃabat (m)	شبت
lattuga (f)	χass (m)	خسّ
sedano (m)	karafs (m)	كرفس
asparago (m)	halyūn (m)	هليون
spinaci (m pl)	sabāniχ (m)	سبانخ
pisello (m)	bisilla (f)	بسلّة
fave (f pl)	fūl (m)	فول
mais (m)	ðura (f)	ذرّة
fagiolo (m)	faṣūliya (f)	فاصوليا
peperone (m)	filfil (m)	فلفل
ravanello (m)	fiȝl (m)	فجل
carciofo (m)	χurʃūf (m)	خرشوف

55. Frutta. Noci

frutto (m)	fākiha (f)	فاكهة
mela (f)	tuffāḥa (f)	تفّاحة

pera (f)	kummaθra (f)	كمّثرى
limone (m)	laymūn (m)	ليمون
arancia (f)	burtuqāl (m)	برتقال
fragola (f)	farawla (f)	فراولة

mandarino (m)	yūsufiy (m)	يوسفي
prugna (f)	barqūq (m)	برقوق
pesca (f)	durrāq (m)	دراق
albicocca (f)	miʃmiʃ (f)	مشمش
lampone (m)	tūt al ʿullayq al aḥmar (m)	توت العليق الأحمر
ananas (m)	ananās (m)	أناناس

banana (f)	mawz (m)	موز
anguria (f)	baṭṭīχ aḥmar (m)	بطّيخ أحمر
uva (f)	ʿinab (m)	عنب
amarena (f), ciliegia (f)	karaz (m)	كرز
melone (m)	baṭṭīχ aṣfar (f)	بطّيخ أصفر

pompelmo (m)	zinbāʿ (m)	زنباع
avocado (m)	avukādu (f)	افوكّاتو
papaia (f)	babāya (m)	بابايا
mango (m)	mangu (m)	مانجو
melagrana (f)	rummān (m)	رمان

ribes (m) rosso	kiʃmiʃ aḥmar (m)	كشمش أحمر
ribes (m) nero	ʿinab aθ θaʿlab al aswad (m)	عنب الثعلب الأسود
uva (f) spina	ʿinab aθ θaʿlab (m)	عنب الثعلب
mirtillo (m)	ʿinab al aḥrāʒ (m)	عنب الأحراج
mora (f)	θamar al ʿullayk (m)	ثمر العليّق

uvetta (f)	zabīb (m)	زبيب
fico (m)	tīn (m)	تين
dattero (m)	tamr (m)	تمر

arachide (f)	fūl sudāniy (m)	فول سودانيّ
mandorla (f)	lawz (m)	لوز
noce (f)	ʿayn al ʒamal (f)	عين الجمل
nocciola (f)	bunduq (m)	بندق
noce (f) di cocco	ʒawz al hind (m)	جوز هند
pistacchi (m pl)	fustuq (m)	فستق

56. Pane. Dolci

pasticceria (f)	ḥalawiyyāt (pl)	حلويّات
pane (m)	χubz (m)	خبز
biscotti (m pl)	baskawīt (m)	بسكويت

cioccolato (m)	ʃukulāta (f)	شكولاتة
al cioccolato (agg)	biʃ ʃukulāta	بالشكولاتة
caramella (f)	bumbūn (m)	بونبون
tortina (f)	kaʿk (m)	كعك
torta (f)	tūrta (f)	تورتة
crostata (f)	faṭīra (f)	فطيرة
ripieno (m)	ḥaʃwa (f)	حشوة

marmellata (f)	murabba (m)	مُرَبَّى
marmellata (f) di agrumi	marmalād (f)	مرملاد
wafer (m)	wāfil (m)	وافل
gelato (m)	muθallaʒāt (pl)	مثلجات
budino (m)	būding (m)	بودنج

57. Spezie

sale (m)	milḥ (m)	ملح
salato (agg)	māliḥ	مالح
salare (vt)	mallaḥ	ملح
pepe (m) nero	filfil aswad (m)	فلفل أسود
peperoncino (m)	filfil aḥmar (m)	فلفل أحمر
senape (f)	ṣalṣat al χardal (f)	صلصة الخردل
cren (m)	fiʒl ḥārr (m)	فجل حار
condimento (m)	tābil (m)	تابل
spezie (f pl)	bahār (m)	بهار
salsa (f)	ṣalṣa (f)	صلصة
aceto (m)	χall (m)	خل
anice (m)	yānsūn (m)	يانسون
basilico (m)	rīḥān (m)	ريحان
chiodi (m pl) di garofano	qurumful (m)	قرنفل
zenzero (m)	zanʒabīl (m)	زنجبيل
coriandolo (m)	kuzbara (f)	كزبرة
cannella (f)	qirfa (f)	قرفة
sesamo (m)	simsim (m)	سمسم
alloro (m)	awrāq al γār (pl)	أوراق الغار
paprica (f)	babrika (f)	بابريكا
cumino (m)	karāwiya (f)	كراوية
zafferano (m)	za'farān (m)	زعفران

INFORMAZIONI PERSONALI. FAMIGLIA

58. Informazioni personali. Moduli

nome (m)	ism (m)	إسم
cognome (m)	ism al ʻāʼila (m)	إسم العائلة
data (f) di nascita	tarīx al mīlād (m)	تاريخ الميلاد
luogo (m) di nascita	makān al mīlād (m)	مكان الميلاد
nazionalità (f)	ʒinsiyya (f)	جنسية
domicilio (m)	maqarr al iqāma (m)	مقر الإقامة
paese (m)	balad (m)	بلد
professione (f)	mihna (f)	مهنة
sesso (m)	ʒins (m)	جنس
statura (f)	ṭūl (m)	طول
peso (m)	wazn (m)	وزن

59. Membri della famiglia. Parenti

madre (f)	umm (f)	أمّ
padre (m)	ab (m)	أب
figlio (m)	ibn (m)	إبن
figlia (f)	ibna (f)	إبنة
figlia (f) minore	al ibna aṣ ṣaɣīra (f)	الإبنة الصغيرة
figlio (m) minore	al ibn aṣ ṣaɣīr (m)	الابن الصغير
figlia (f) maggiore	al ibna al kabīra (f)	الإبنة الكبيرة
figlio (m) maggiore	al ibn al kabīr (m)	الإبن الكبير
fratello (m)	ax (m)	أخ
fratello (m) maggiore	al ax al kabīr (m)	الأخ الكبير
fratello (m) minore	al ax aṣ ṣaɣīr (m)	الأخ الصغير
sorella (f)	uxt (f)	أخت
sorella (f) maggiore	al uxt al kabīra (f)	الأخت الكبيرة
sorella (f) minore	al uxt aṣ ṣaɣīra (f)	الأخت الصغيرة
cugino (m)	ibn ʻamm (m), ibn xāl (m)	إبن عمّ, إبن خال
cugina (f)	ibnat ʻamm (f), ibnat xāl (f)	إبنة عمّ, إبنة خال
mamma (f)	mama (f)	ماما
papà (m)	baba (m)	بابا
genitori (m pl)	wālidān (du)	والدان
bambino (m)	ṭifl (m)	طفل
bambini (m pl)	aṭfāl (pl)	أطفال
nonna (f)	ʒidda (f)	جدّة
nonno (m)	ʒadd (m)	جدّ
nipote (m) (figlio di un figlio)	ḥafīd (m)	حفيد

| nipote (f) | ḥafīda (f) | حفيدة |
| nipoti (pl) | aḥfād (pl) | أحفاد |

zio (m)	ʿamm (m), χāl (m)	عمّ, خال
zia (f)	ʿamma (f), χāla (f)	عمّة, خالة
nipote (m) (figlio di un fratello)	ibn al aχ (m), ibn al uχt (m)	إبن الأخ, إبن الأخت
nipote (f)	ibnat al aχ (f), ibnat al uχt (f)	إبنة الأخ, إبنة الأخت
suocera (f)	ḥamātt (f)	حماة
suocero (m)	ḥamm (m)	حم
genero (m)	zawჳ al ibna (m)	زوج الأبنة
matrigna (f)	zawჳat al ab (f)	زوجة الأب
patrigno (m)	zawჳ al umm (m)	زوج الأمّ

neonato (m)	ṭifl raḍīʿ (m)	طفل رضيع
infante (m)	mawlūd (m)	مولود
bimbo (m), ragazzino (m)	walad ṣaɣīr (m)	ولد صغير

moglie (f)	zawჳa (f)	زوجة
marito (m)	zawჳ (m)	زوج
coniuge (m)	zawჳ (m)	زوج
coniuge (f)	zawჳa (f)	زوجة

sposato (agg)	mutazawwiჳ	متزوّج
sposata (agg)	mutazawwiჳa	متزوّجة
celibe (agg)	aʿzab	أعزب
scapolo (m)	aʿzab (m)	أعزب
divorziato (agg)	muṭallaq (m)	مطلق
vedova (f)	armala (f)	أرملة
vedovo (m)	armal (m)	أرمل

parente (m)	qarīb (m)	قريب
parente (m) stretto	nasīb qarīb (m)	نسيب قريب
parente (m) lontano	nasīb baʿīd (m)	نسيب بعيد
parenti (m pl)	aqārib (pl)	أقارب

orfano (m), orfana (f)	yatīm (m)	يتيم
tutore (m)	waliyy amr (m)	وليّ أمر
adottare (~ un bambino)	tabanna	تبنّى
adottare (~ una bambina)	tabanna	تبنّى

60. Amici. Colleghi

amico (m)	ṣadīq (m)	صديق
amica (f)	ṣadīqa (f)	صديقة
amicizia (f)	ṣadāqa (f)	صداقة
essere amici	ṣādaq	صادق

amico (m) (inform.)	ṣāḥib (m)	صاحب
amica (f) (inform.)	ṣaḥiba (f)	صاحبة
partner (m)	rafīq (m)	رفيق

capo (m)	raʿīs (m)	رئيس
capo (m), superiore (m)	raʿīs (m)	رئيس
proprietario (m)	ṣāḥib (m)	صاحب

subordinato (m)	tābiʿ (m)	تابع
collega (m)	zamīl (m)	زميل
conoscente (m)	maʿruf (m)	معروف
compagno (m) di viaggio	rafīq safar (m)	رفيق سفر
compagno (m) di classe	zamīl fiṣ ṣaff (m)	زميل في الصفّ
vicino (m)	ʒār (m)	جار
vicina (f)	ʒāra (f)	جارة
vicini (m pl)	ʒirān (pl)	جيران

CORPO UMANO. MEDICINALI

61. Testa

testa (f)	ra's (m)	رأس
viso (m)	waʒh (m)	وجه
naso (m)	anf (m)	أنف
bocca (f)	fam (m)	فم
occhio (m)	'ayn (f)	عين
occhi (m pl)	'uyūn (pl)	عيون
pupilla (f)	ḥadaqa (f)	حدقة
sopracciglio (m)	ḥāʒib (m)	حاجب
ciglio (m)	rimʃ (m)	رمش
palpebra (f)	ʒafn (m)	جفن
lingua (f)	lisān (m)	لسان
dente (m)	sinn (f)	سنّ
labbra (f pl)	ʃifāh (pl)	شفاه
zigomi (m pl)	'iẓām waʒhiyya (pl)	عظام وجهيّة
gengiva (f)	liθθa (f)	لثّة
palato (m)	ḥanak (m)	حنك
narici (f pl)	minχarān (du)	منخران
mento (m)	ðaqan (m)	ذقن
mascella (f)	fakk (m)	فكّ
guancia (f)	χadd (m)	خدّ
fronte (f)	ʒabha (f)	جبهة
tempia (f)	ṣudɣ (m)	صدغ
orecchio (m)	uðun (f)	أذن
nuca (f)	qafa (m)	قفا
collo (m)	raqaba (f)	رقبة
gola (f)	ḥalq (m)	حلق
capelli (m pl)	ʃa'r (m)	شعر
pettinatura (f)	tasrīḥa (f)	تسريحة
taglio (m)	tasrīḥa (f)	تسريحة
parrucca (f)	barūka (f)	باروكة
baffi (m pl)	ʃawārib (pl)	شوارب
barba (f)	liḥya (f)	لحية
portare (~ la barba, ecc.)	'indahu	عنده
treccia (f)	ḍifīra (f)	ضفيرة
basette (f pl)	sawālif (pl)	سوالف
rosso (agg)	aḥmar aʃ ʃa'r	أحمر الشعر
brizzolato (agg)	abyaḍ	أبيض
calvo (agg)	aṣla'	أصلع
calvizie (f)	ṣala' (m)	صلع

coda (f) di cavallo	ðayl ḥiṣān (m)	ذيل حصان
frangetta (f)	quṣṣa (f)	قصّة

62. Corpo umano

mano (f)	yad (m)	يد
braccio (m)	ðirāʿ (f)	ذراع

dito (m)	iṣbaʿ (m)	إصبع
dito (m) del piede	iṣbaʿ al qadam (m)	إصبع القدم
pollice (m)	ibhām (m)	إبهام
mignolo (m)	xunṣur (m)	خنصر
unghia (f)	ẓufr (m)	ظفر

pugno (m)	qabḍa (f)	قبضة
palmo (m)	kaff (f)	كفّ
polso (m)	miʿṣam (m)	معصم
avambraccio (m)	sāʿid (m)	ساعد
gomito (m)	mirfaq (m)	مرفق
spalla (f)	katf (f)	كتف

gamba (f)	riʒl (f)	رجل
pianta (f) del piede	qadam (f)	قدم
ginocchio (m)	rukba (f)	ركبة
polpaccio (m)	sammāna (f)	سمّانة
anca (f)	faxð (f)	فخذ
tallone (m)	ʿaqb (m)	عقب

corpo (m)	ʒism (m)	جسم
pancia (f)	baṭn (m)	بطن
petto (m)	ṣadr (m)	صدر
seno (m)	θady (m)	ثدي
fianco (m)	ʒamb (m)	جنب
schiena (f)	ẓahr (m)	ظهر
zona (f) lombare	asfal aẓ ẓahr (m)	أسفل الظهر
vita (f)	xaṣr (m)	خصر

ombelico (m)	surra (f)	سرّة
natiche (f pl)	ardāf (pl)	أرداف
sedere (m)	dubr (m)	دبر

neo (m)	ʃāma (f)	شامة
voglia (f) (~ di fragola)	waḥma	وحمة
tatuaggio (m)	waʃm (m)	وشم
cicatrice (f)	nadba (f)	ندبة

63. Malattie

malattia (f)	maraḍ (m)	مرض
essere malato	maraḍ	مرض
salute (f)	ṣiḥḥa (f)	صحّة
raffreddore (m)	zukām (m)	زكام

tonsillite (f)	iltihāb al lawzatayn (m)	التهاب اللوزتين
raffreddore (m)	bard (m)	برد
raffreddarsi (vr)	aṣābahu al bard	أصابه البرد
bronchite (f)	iltihāb al qaṣabāt (m)	إلتهاب القصبات
polmonite (f)	iltihāb ar ri'atayn (m)	إلتهاب الرئتين
influenza (f)	inflūnza (f)	إنفلونزا
miope (agg)	qaṣīr an naẓar	قصير النظر
presbite (agg)	ba'īd an naẓar	بعيد النظر
strabismo (m)	ḥawal (m)	حول
strabico (agg)	aḥwal	أحول
cateratta (f)	katarakt (f)	كاتاراكت
glaucoma (m)	glawkūma (f)	جلوكوما
ictus (m) cerebrale	sakta (f)	سكتة
attacco (m) di cuore	iḥtiʃā' (m)	إحتشاء
infarto (m) miocardico	nawba qalbiya (f)	نوبة قلبية
paralisi (f)	ʃalal (m)	شلل
paralizzare (vt)	ʃall	شلَ
allergia (f)	ḥassāsiyya (f)	حسّاسيّة
asma (f)	rabw (m)	ربو
diabete (m)	ad dā' as sukkariy (m)	الداء السكّريّ
mal (m) di denti	alam al asnān (m)	ألم الأسنان
carie (f)	naxar al asnān (m)	نخر الأسنان
diarrea (f)	ishāl (m)	إسهال
stitichezza (f)	imsāk (m)	إمساك
disturbo (m) gastrico	'usr al haḍm (m)	عسر الهضم
intossicazione (f) alimentare	tasammum (m)	تسمّم
intossicarsi (vr)	tasammam	تسمّم
artrite (f)	iltihāb al mafāṣil (m)	إلتهاب المفاصل
rachitide (f)	kusāḥ al aṭfāl (m)	كساح الأطفال
reumatismo (m)	riumatizm (m)	روماتزم
aterosclerosi (f)	taṣṣallub aʃ ʃarayīn (m)	تصلّب الشرايين
gastrite (f)	iltihāb al ma'ida (m)	إلتهاب المعدة
appendicite (f)	iltihāb az zā'ida ad dūdiyya (m)	إلتهاب الزائدة الدوديّة
colecistite (f)	iltihāb al marāra (m)	إلتهاب المرارة
ulcera (f)	qurḥa (f)	قرحة
morbillo (m)	maraḍ al ḥaṣba (m)	مرض الحصبة
rosolia (f)	ḥaṣba almāniyya (f)	حصبة ألمانية
itterizia (f)	yaraqān (m)	يرقان
epatite (f)	iltihāb al kabd al vayrūsiy (m)	إلتهاب الكبد الفيروسيّ
schizofrenia (f)	ʃizufrīniya (f)	شيزوفرينيا
rabbia (f)	dā' al kalb (m)	داء الكلب
nevrosi (f)	'iṣāb (m)	عصاب
commozione (f) cerebrale	irtiʒāʒ al muxx (m)	إرتجاج المخ
cancro (m)	saraṭān (m)	سرطان
sclerosi (f)	taṣṣallub (m)	تصلّب

sclerosi (f) multipla	taṣṣallub muta'addid (m)	تصلّب متعدد
alcolismo (m)	idmān al χamr (m)	إدمان الخمر
alcolizzato (m)	mudmin al χamr (m)	مدمن الخمر
sifilide (f)	sifilis az zuhariy (m)	سفلس الزهري
AIDS (m)	al aydz (m)	الايدز
tumore (m)	waram (m)	ورم
maligno (agg)	χabīθ	خبيث
benigno (agg)	ḥamīd (m)	حميد
febbre (f)	ḥumma (f)	حمّى
malaria (f)	malāriya (f)	ملاريا
cancrena (f)	γanγrīna (f)	غنغرينا
mal (m) di mare	duwār al baḥr (m)	دوار البحر
epilessia (f)	maraḍ aṣ ṣar' (m)	مرض الصرع
epidemia (f)	wabā' (m)	وباء
tifo (m)	tīfus (m)	تيفوس
tubercolosi (f)	maraḍ as sull (m)	مرض السلّ
colera (m)	kulīra (f)	كوليرا
peste (f)	ṭā'ūn (m)	طاعون

64. Sintomi. Cure. Parte 1

sintomo (m)	'araḍ (m)	عرض
temperatura (f)	ḥarāra (f)	حرارة
febbre (f) alta	ḥumma (f)	حمّى
polso (m)	nabḍ (m)	نبض
capogiro (m)	dawχa (f)	دوخة
caldo (agg)	ḥārr	حارّ
brivido (m)	nafaḍān (m)	نفضان
pallido (un viso ~)	aṣfar	أصفر
tosse (f)	su'āl (m)	سعال
tossire (vi)	sa'al	سعل
starnutire (vi)	'aṭas	عطس
svenimento (m)	iγmā' (m)	إغماء
svenire (vi)	γumiya 'alayh	غمي عليه
livido (m)	kadma (f)	كدمة
bernoccolo (m)	tawarrum (m)	تورّم
farsi un livido	iṣṭadam	إصطدم
contusione (f)	raḍḍ (m)	رضّ
farsi male	taraḍḍaḍ	ترضّض
zoppicare (vi)	'araʒ	عرج
slogatura (f)	χal' (m)	خلع
slogarsi (vr)	χala'	خلع
frattura (f)	kasr (m)	كسر
fratturarsi (vr)	inkasar	إنكسر
taglio (m)	ʒurḥ (m)	جرح
tagliarsi (vr)	ʒaraḥ nafsah	جرح نفسه

emorragia (f)	nazf (m)	نزف
scottatura (f)	ḥarq (m)	حرق
scottarsi (vr)	taʃayyat	تشيط

pungere (vt)	waχaz	وخز
pungersi (vr)	waχaz nafsah	وخز نفسه
ferire (vt)	aṣāb	أصاب
ferita (f)	iṣāba (f)	إصابة
lesione (f)	ʒurḥ (m)	جرح
trauma (m)	ṣadma (f)	صدمة

delirare (vi)	haða	هذى
tartagliare (vi)	tala'sam	تلعثم
colpo (m) di sole	ḍarbat ʃams (f)	ضربة شمس

65. Sintomi. Cure. Parte 2

| dolore (m), male (m) | alam (m) | ألم |
| scheggia (f) | ʃaẓiyya (f) | شظية |

sudore (m)	'irq (m)	عرق
sudare (vi)	'ariq	عرق
vomito (m)	taqayyu' (m)	تقيؤ
convulsioni (f pl)	taʃannuʒāt (pl)	تشنّجات

incinta (agg)	ḥāmil	حامل
nascere (vi)	wulid	وُلد
parto (m)	wilāda (f)	ولادة
essere in travaglio di parto	walad	ولد
aborto (m)	iʒhāḍ (m)	إجهاض

respirazione (f)	tanaffus (m)	تنفّس
inspirazione (f)	istinʃāq (m)	إستنشاق
espirazione (f)	zafīr (m)	زفير
espirare (vi)	zafar	زفر
inspirare (vi)	istanʃaq	إستنشق

invalido (m)	mu'āq (m)	معاق
storpio (m)	muq'ad (m)	مقعد
drogato (m)	mudmin muχaddirāt (m)	مدمن مخدّرات

sordo (agg)	aṭraʃ	أطرش
muto (agg)	aχras	أخرس
sordomuto (agg)	aṭraʃ aχras	أطرش أخرس

matto (agg)	maʒnūn (m)	مجنون
matto (m)	maʒnūn (m)	مجنون
matta (f)	maʒnūna (f)	مجنونة
impazzire (vi)	ʒunn	جُنّ

gene (m)	ʒīn (m)	جين
immunità (f)	manā'a (f)	مناعة
ereditario (agg)	wirāθiy	وراثيّ
innato (agg)	χilqiy munð al wilāda	خلقيّ منذ الولادة

virus (m)	virūs (m)	فيروس
microbo (m)	mikrūb (m)	ميكروب
batterio (m)	ʒurθūma (f)	جرثومة
infezione (f)	ʿadwa (f)	عدوى

66. Sintomi. Cure. Parte 3

ospedale (m)	mustaʃfa (m)	مستشفى
paziente (m)	marīḍ (m)	مريض
diagnosi (f)	taʃxīṣ (m)	تشخيص
cura (f)	ʿilāʒ (m)	علاج
trattamento (m)	ʿilāʒ (m)	علاج
curarsi (vr)	taʿālaʒ	تعالج
curare (vt)	ʿālaʒ	عالج
accudire (un malato)	marraḍ	مرّض
assistenza (f)	ʿināya (f)	عناية
operazione (f)	ʿamaliyya ʒaraḥiyya (f)	عملية جرحية
bendare (vt)	ḍammad	ضمّد
fasciatura (f)	taḍmīd (m)	تضميد
vaccinazione (f)	talqīḥ (m)	تلقيح
vaccinare (vt)	laqqaḥ	لقّح
iniezione (f)	ḥuqna (f)	حقنة
fare una puntura	ḥaqan ibra	حقن إبرة
attacco (m) (~ epilettico)	nawba (f)	نوبة
amputazione (f)	batr (m)	بتر
amputare (vt)	batar	بتر
coma (m)	ɣaybūba (f)	غيبوبة
essere in coma	kān fi ḥālat ɣaybūba	كان في حالة غيبوبة
rianimazione (f)	al ʿināya al murakkaza (f)	العناية المركّزة
guarire (vi)	ʃufiy	شفي
stato (f) (del paziente)	ḥāla (f)	حالة
conoscenza (f)	waʿy (m)	وعي
memoria (f)	ðākira (f)	ذاكرة
estrarre (~ un dente)	xalaʿ	خلع
otturazione (f)	ḥaʃw (m)	حشو
otturare (vt)	ḥaʃa	حشا
ipnosi (f)	at tanwīm al maɣnaṭīsiy (m)	التنويم المغناطيسيّ
ipnotizzare (vt)	nawwam	نوّم

67. Medicinali. Farmaci. Accessori

medicina (f)	dawāʾ (m)	دواء
rimedio (m)	ʿilāʒ (m)	علاج
prescrivere (vt)	waṣaf	وصف
prescrizione (f)	waṣfa (f)	وصفة

compressa (f)	qurṣ (m)	قرص
unguento (m)	marham (m)	مرهم
fiala (f)	ambūla (f)	أمبولة
pozione (f)	dawā' ʃarāb (m)	دواء شراب
sciroppo (m)	ʃarāb (m)	شراب
pillola (f)	ḥabba (f)	حبّة
polverina (f)	ðarūr (m)	ذرور
benda (f)	ḍammāda (f)	ضمادة
ovatta (f)	quṭn (m)	قطن
iodio (m)	yūd (m)	يود
cerotto (m)	blāstir (m)	بلاستر
contagocce (m)	māṣṣat al bastara (f)	ماصّة البسترة
termometro (m)	tirmūmitr (m)	ترمومتر
siringa (f)	miḥqana (f)	محقنة
sedia (f) a rotelle	kursiy mutaḥarrik (m)	كرسي متحرّك
stampelle (f pl)	'ukkāzān (du)	عكّازان
analgesico (m)	musakkin (m)	مسكّن
lassativo (m)	mulayyin (m)	ملّين
alcol (m)	iθanūl (m)	إيثانول
erba (f) officinale	a'ʃāb ṭibbiyya (pl)	أعشاب طبية
d'erbe (infuso ~)	'uʃbiy	عشبي

APPARTAMENTO

68. Appartamento

appartamento (m)	ʃaqqa (f)	شقّة
camera (f), stanza (f)	ɣurfa (f)	غرفة
camera (f) da letto	ɣurfat an nawm (f)	غرفة النوم
sala (f) da pranzo	ɣurfat il akl (f)	غرفة الأكل
salotto (m)	ṣālat al istiqbāl (f)	صالة الإستقبال
studio (m)	maktab (m)	مكتب
ingresso (m)	madχal (m)	مدخل
bagno (m)	ḥammām (m)	حمّام
gabinetto (m)	ḥammām (m)	حمّام
soffitto (m)	saqf (m)	سقف
pavimento (m)	arḍ (f)	أرض
angolo (m)	zāwiya (f)	زاوية

69. Arredamento. Interno

mobili (m pl)	aθāθ (m)	أثاث
tavolo (m)	maktab (m)	مكتب
sedia (f)	kursiy (m)	كرسيّ
letto (m)	sarīr (m)	سرير
divano (m)	kanaba (f)	كنبة
poltrona (f)	kursiy (m)	كرسيّ
libreria (f)	χizānat kutub (f)	خزانة كتب
ripiano (m)	raff (m)	رفّ
armadio (m)	dūlāb (m)	دولاب
attaccapanni (m) da parete	ʃammāʿa (f)	شمّاعة
appendiabiti (m) da terra	ʃammāʿa (f)	شمّاعة
comò (m)	dulāb adrāʒ (m)	دولاب أدراج
tavolino (m) da salotto	ṭāwilat al qahwa (f)	طاولة القهوة
specchio (m)	mir'āt (f)	مرآة
tappeto (m)	siʒāda (f)	سجادة
tappetino (m)	siʒāda (f)	سجادة
camino (m)	midfa'a ḥā'iṭiyya (f)	مدفأة حائطيّة
candela (f)	ʃamʿa (f)	شمعة
candeliere (m)	ʃamʿadān (m)	شمعدان
tende (f pl)	satā'ir (pl)	ستائر
carta (f) da parati	waraq ḥīṭān (m)	ورق حيطان

tende (f pl) alla veneziana	haṣīrat ʃubbāk (f)	حصيرة شبّاك
lampada (f) da tavolo	miṣbāḥ aṭ ṭāwila (m)	مصباح الطاولة
lampada (f) da parete	miṣbāḥ al ḥāʾiṭ (f)	مصباح الحائط
lampada (f) a stelo	miṣbāḥ arḍiy (m)	مصباح أرضيّ
lampadario (m)	naʒafa (f)	نجفة

gamba (f)	riʒl (f)	رجل
bracciolo (m)	masnad (m)	مسند
spalliera (f)	masnad (m)	مسند
cassetto (m)	durʒ (m)	درج

70. Biancheria da letto

biancheria (f) da letto	bayāḍāt as sarīr (pl)	بياضات السرير
cuscino (m)	wisāda (f)	وسادة
federa (f)	kīs al wisāda (m)	كيس الوسادة
coperta (f)	baṭṭāniyya (f)	بطّانية
lenzuolo (m)	milāya (f)	ملاية
copriletto (m)	ɣiṭāʾ as sarīr (m)	غطاء السرير

71. Cucina

cucina (f)	maṭbaχ (m)	مطبخ
gas (m)	ɣāz (m)	غاز
fornello (m) a gas	butuɣāz (m)	بوتوغاز
fornello (m) elettrico	furn kaharabāʾiy (m)	فرن كهربائيّ
forno (m)	furn (m)	فرن
forno (m) a microonde	furn al mikruwayv (m)	فرن الميكروويف

frigorifero (m)	θallāʒa (f)	ثلاجة
congelatore (m)	frīzir (m)	فريزير
lavastoviglie (f)	ɣassāla (f)	غسّالة

tritacarne (m)	farrāmat laḥm (f)	فرّامة لحم
spremifrutta (m)	ʿaṣṣāra (f)	عصّارة
tostapane (m)	maḥmaṣat χubz (f)	محمصة خبز
mixer (m)	χallāṭ (m)	خلّاط

macchina (f) da caffè	mākinat ṣanʿ al qahwa (f)	ماكينة صنع القهوة
caffettiera (f)	kanaka (f)	كنكة
macinacaffè (m)	maṭhanat qahwa (f)	مطحنة قهوة

bollitore (m)	barrād (m)	برّاد
teiera (f)	barrād aʃ ʃāy (m)	برّاد الشاي
coperchio (m)	ɣiṭāʾ (m)	غطاء
colino (m) da tè	miṣfāt (f)	مصفاة

cucchiaio (m)	milʿaqa (f)	ملعقة
cucchiaino (m) da tè	milʿaqat ʃāy (f)	ملعقة شاي
cucchiaio (m)	milʿaqa kabīra (f)	ملعقة كبيرة
forchetta (f)	ʃawka (f)	شوكة
coltello (m)	sikkīn (m)	سكّين

stoviglie (f pl)	ṣuḥūn (pl)	صحون
piatto (m)	ṭabaq (m)	طبق
piattino (m)	ṭabaq finʒān (m)	طبق فنجان
cicchetto (m)	ka's (f)	كأس
bicchiere (m) (~ d'acqua)	kubbāya (f)	كبّاية
tazzina (f)	finʒān (m)	فنجان
zuccheriera (f)	sukkariyya (f)	سكّريّة
saliera (f)	mamlaḥa (f)	مملحة
pepiera (f)	mabhara (f)	مبهرة
burriera (f)	ṣuḥn zubda (m)	صحن زبدة
pentola (f)	kassirūlla (f)	كاسرولة
padella (f)	ṭāsa (f)	طاسة
mestolo (m)	miɣrafa (f)	مغرفة
colapasta (m)	miṣfāt (f)	مصفاة
vassoio (m)	ṣīniyya (f)	صينيّة
bottiglia (f)	zuʒāʒa (f)	زجاجة
barattolo (m) di vetro	barṭamān (m)	برطمان
latta, lattina (f)	tanaka (f)	تنكة
apribottiglie (m)	fattāḥa (f)	فتّاحة
apriscatole (m)	fattāḥa (f)	فتّاحة
cavatappi (m)	barrīma (f)	بريمة
filtro (m)	filtir (m)	فلتر
filtrare (vt)	ṣaffa	صفّى
spazzatura (f)	zubāla (f)	زبالة
pattumiera (f)	ṣundūq az zubāla (m)	صندوق الزبالة

72. Bagno

bagno (m)	ḥammām (m)	حمّام
acqua (f)	mā' (m)	ماء
rubinetto (m)	ḥanafiyya (f)	حنفيّة
acqua (f) calda	mā' sāxin (m)	ماء ساخن
acqua (f) fredda	mā' bārid (m)	ماء بارد
dentifricio (m)	ma'ʒūn asnān (m)	معجون أسنان
lavarsi i denti	nazzaf al asnān	نظّف الأسنان
spazzolino (m) da denti	furʃat asnān (f)	فرشة أسنان
rasarsi (vr)	ḥalaq	حلق
schiuma (f) da barba	raɣwa lil ḥilāqa (f)	رغوة للحلاقة
rasoio (m)	mūs ḥilāqa (m)	موس حلاقة
lavare (vt)	ɣasal	غسل
fare un bagno	istaḥamm	إستحمّ
doccia (f)	dūʃ (m)	دوش
fare una doccia	axa̱ð ad duʃ	أخذ الدش
vasca (f) da bagno	ḥawḍ istiḥmām (m)	حوض استحمام
water (m)	mirḥāḍ (m)	مرحاض

lavandino (m)	ḥawḍ (m)	حوض
sapone (m)	ṣābūn (m)	صابون
porta (m) sapone	ṣabbāna (f)	صبّانة

spugna (f)	līfa (f)	ليفة
shampoo (m)	ʃāmbū (m)	شامبو
asciugamano (m)	fūṭa (f)	فوطة
accappatoio (m)	θawb ḥammām (m)	ثوب حمّام

bucato (m)	ɣasīl (m)	غسيل
lavatrice (f)	ɣassāla (f)	غسّالة
fare il bucato	ɣasal al malābis	غسل الملابس
detersivo (m) per il bucato	mashūq ɣasīl (m)	مسحوق غسيل

73. Elettrodomestici

televisore (m)	tilivizyūn (m)	تليفزيون
registratore (m) a nastro	ʒihāz tasʒīl (m)	جهاز تسجيل
videoregistratore (m)	ʒihāz tasʒīl vidiyu (m)	جهاز تسجيل فيديو
radio (f)	ʒihāz radiyu (m)	جهاز راديو
lettore (m)	blayir (m)	بلير

videoproiettore (m)	ʿāriḍ vidiyu (m)	عارض فيديو
home cinema (m)	sinima manziliyya (f)	سينما منزليّة
lettore (m) DVD	di vi di (m)	دي في دي
amplificatore (m)	mukabbir aṣ ṣawt (m)	مكبّر الصوت
console (f) video giochi	ʾatāri (m)	أتاري

videocamera (f)	kamira vidiyu (f)	كاميرا فيديو
macchina (f) fotografica	kamira (f)	كاميرا
fotocamera (f) digitale	kamira diʒital (f)	كاميرا ديجيتال

aspirapolvere (m)	miknasa kahrabāʾiyya (f)	مكنسة كهربائيّة
ferro (m) da stiro	makwāt (f)	مكواة
asse (f) da stiro	lawḥat kayy (f)	لوحة كيّ

telefono (m)	hātif (m)	هاتف
telefonino (m)	hātif maḥmūl (m)	هاتف محمول
macchina (f) da scrivere	ʾāla katiba (f)	آلة كاتبة
macchina (f) da cucire	ʾālat al ɣiyāṭa (f)	آلة الخياطة

microfono (m)	mikrufūn (m)	ميكروفون
cuffia (f)	sammāʿāt raʾsiya (pl)	سمّاعات رأسيّة
telecomando (m)	rimuwt kuntrūl (m)	ريموت كنترول

CD (m)	si di (m)	سي دي
cassetta (f)	ʃarīṭ (m)	شريط
disco (m) (vinile)	usṭuwāna (f)	أسطوانة

LA TERRA. TEMPO

74. L'Universo

Italiano	Traslitterazione	Arabo
cosmo (m)	faḍā' (m)	فضاء
cosmico, spaziale (agg)	faḍā'iy	فضائيّ
spazio (m) cosmico	faḍā' (m)	فضاء
mondo (m)	'ālam (m)	عالم
universo (m)	al kawn (m)	الكون
galassia (f)	al maӡarra (f)	المجرّة
stella (f)	naӡm (m)	نجم
costellazione (f)	burӡ (m)	برج
pianeta (m)	kawkab (m)	كوكب
satellite (m)	qamar ṣinā'iy (m)	قمر صناعيّ
meteorite (m)	ḥaӡar nayzakiy (m)	حجر نيزكيّ
cometa (f)	muðannab (m)	مذنّب
asteroide (m)	kuwaykib (m)	كويكب
orbita (f)	madār (m)	مدار
ruotare (vi)	dār	دار
atmosfera (f)	al ɣilāf al ӡawwiy (m)	الغلاف الجوّيّ
il Sole	aʃ ʃams (f)	الشمس
sistema (m) solare	al maӡmū'a aʃ ʃamsiyya (f)	المجموعة الشمسيّة
eclisse (f) solare	kusūf aʃ ʃams (m)	كسوف الشمس
la Terra	al arḍ (f)	الأرض
la Luna	al qamar (m)	القمر
Marte (m)	al mirrīχ (m)	المرّيخ
Venere (f)	az zahra (f)	الزهرة
Giove (m)	al muʃtari (m)	المشتري
Saturno (m)	zuḥal (m)	زحل
Mercurio (m)	'aṭārid (m)	عطارد
Urano (m)	urānus (m)	اورانوس
Nettuno (m)	nibtūn (m)	نبتون
Plutone (m)	blūtu (m)	بلوتو
Via (f) Lattea	darb at tabbāna (m)	درب التبّانة
Orsa (f) Maggiore	ad dubb al akbar (m)	الدبّ الأكبر
Stella (f) Polare	naӡm al 'quṭb (m)	نجم القطب
marziano (m)	sākin al mirrīχ (m)	ساكن المرّيخ
extraterrestre (m)	faḍā'iy (m)	فضائيّ
alieno (m)	faḍā'iy (m)	فضائيّ
disco (m) volante	ṭabaq ṭā'ir (m)	طبق طائر
nave (f) spaziale	markaba faḍā'iyya (f)	مركبة فضائيّة

stazione (f) spaziale	maḥaṭṭat faḍā' (f)	محطة فضاء
lancio (m)	inṭilāq (m)	إنطلاق
motore (m)	mutūr (m)	موتور
ugello (m)	manfaθ (m)	منفث
combustibile (m)	wuqūd (m)	وقود
cabina (f) di pilotaggio	kabīna (f)	كابينة
antenna (f)	hawā'iy (m)	هوائيّ
oblò (m)	kuwwa mustadīra (f)	كوّة مستديرة
batteria (f) solare	lawḥ ʃamsiy (m)	لوح شمسيّ
scafandro (m)	baðlat al faḍā' (f)	بذلة الفضاء
imponderabilità (f)	in'idām al wazn (m)	إنعدام الوزن
ossigeno (m)	uksiʒīn (m)	أكسجين
aggancio (m)	rasw (m)	رسو
agganciarsi (vr)	rasa	رسا
osservatorio (m)	marṣad (m)	مرصد
telescopio (m)	tiliskūp (m)	تلسكوب
osservare (vt)	rāqab	راقب
esplorare (vt)	istakʃaf	إستكشف

75. La Terra

la Terra	al arḍ (f)	الأرض
globo (m) terrestre	al kura al arḍiyya (f)	الكرة الأرضيّة
pianeta (m)	kawkab (m)	كوكب
atmosfera (f)	al ɣilāf al ʒawwiy (m)	الغلاف الجويّ
geografia (f)	ʒuɣrāfiya (f)	جغرافيا
natura (f)	ṭabī'a (f)	طبيعة
mappamondo (m)	namūðaʒ lil kura al arḍiyya (m)	نموذج للكرة الأرضيّة
carta (f) geografica	xarīṭa (f)	خريطة
atlante (m)	aṭlas (m)	أطلس
Europa (f)	urūbba (f)	أوروبّا
Asia (f)	'āsiya (f)	آسيا
Africa (f)	afrīqiya (f)	أفريقيا
Australia (f)	usturāliya (f)	أستراليا
America (f)	amrīka (f)	أمريكا
America (f) del Nord	amrīka aʃ ʃimāliyya (f)	أمريكا الشماليّة
America (f) del Sud	amrīka al ʒanūbiyya (f)	أمريكا الجنوبيّة
Antartide (f)	al quṭb al ʒanūbiy (m)	القطب الجنوبيّ
Artico (m)	al quṭb aʃ ʃimāliy (m)	القطب الشماليّ

76. Punti cardinali

nord (m)	ʃimāl (m)	شمال
a nord	ilaʃ ʃimāl	إلى الشمال

al nord	fiʃ ʃimāl	في الشمال
del nord (agg)	ʃimāliy	شمالي
sud (m)	ӡanūb (m)	جنوب
a sud	ilal ӡanūb	إلى الجنوب
al sud	fil ӡanūb	في الجنوب
del sud (agg)	ӡanūbiy	جنوبي
ovest (m)	γarb (m)	غرب
a ovest	ilal γarb	إلى الغرب
all'ovest	fil γarb	في الغرب
dell'ovest, occidentale	γarbiy	غربي
est (m)	ʃarq (m)	شرق
a est	ilaʃ ʃarq	إلى الشرق
all'est	fiʃ ʃarq	في الشرق
dell'est, orientale	ʃarqiy	شرقي

77. Mare. Oceano

mare (m)	baḥr (m)	بحر
oceano (m)	muḥīṭ (m)	محيط
golfo (m)	χalīӡ (m)	خليج
stretto (m)	maḍīq (m)	مضيق
terra (f) (terra firma)	barr (m)	بَرّ
continente (m)	qārra (f)	قارة
isola (f)	ӡazīra (f)	جزيرة
penisola (f)	ʃibh ӡazīra (f)	شبه جزيرة
arcipelago (m)	maӡmū'at ӡuzur (f)	مجموعة جزر
baia (f)	χalīӡ (m)	خليج
porto (m)	mīnā' (m)	ميناء
laguna (f)	buḥayra ʃāṭi'a (f)	بحيرة شاطئة
capo (m)	ra's (m)	رأس
atollo (m)	ӡazīra marӡāniyya istiwā'iyya (f)	جزيرة مرجانية إستوائية
scogliera (f)	ʃi'āb (pl)	شعاب
corallo (m)	murӡān (m)	مرجان
barriera (f) corallina	ʃi'āb marӡāniyya (pl)	شعاب مرجانية
profondo (agg)	'amīq	عميق
profondità (f)	'umq (m)	عمق
abisso (m)	mahwāt (f)	مهواة
fossa (f) (~ delle Marianne)	χandaq (m)	خندق
corrente (f)	tayyār (m)	تيّار
circondare (vt)	aḥāṭ	أحاط
litorale (m)	sāḥil (m)	ساحل
costa (f)	sāḥil (m)	ساحل
alta marea (f)	madd (m)	مدّ
bassa marea (f)	ӡazr (m)	جزر

banco (m) di sabbia	miyāh ḍaḥla (f)	مياه ضحلة
fondo (m)	qāʿ (m)	قاع
onda (f)	mawʒa (f)	موجة
cresta (f) dell'onda	qimmat mawʒa (f)	قمّة موجة
schiuma (f)	zabad al baḥr (m)	زبد البحر
tempesta (f)	ʿāṣifa (f)	عاصفة
uragano (m)	iʿṣār (m)	إعصار
tsunami (m)	tsunāmi (m)	تسونامي
bonaccia (f)	hudūʾ (m)	هدوء
tranquillo (agg)	hādiʾ	هادئ
polo (m)	quṭb (m)	قطب
polare (agg)	quṭby	قطبيّ
latitudine (f)	ʿarḍ (m)	عرض
longitudine (f)	ṭūl (m)	طول
parallelo (m)	mutawāzi (m)	متواز
equatore (m)	χaṭṭ al istiwāʾ (m)	خط الإستواء
cielo (m)	samāʾ (f)	سماء
orizzonte (m)	ufuq (m)	أفق
aria (f)	hawāʾ (m)	هواء
faro (m)	manāra (f)	منارة
tuffarsi (vr)	χāṣ	غاص
affondare (andare a fondo)	χariq	غرق
tesori (m)	kunūz (pl)	كنوز

78. Nomi dei mari e degli oceani

Oceano (m) Atlantico	al muḥīṭ al aṭlasiy (m)	المحيط الأطلسيّ
Oceano (m) Indiano	al muḥīṭ al hindiy (m)	المحيط الهنديّ
Oceano (m) Pacifico	al muḥīṭ al hādiʾ (m)	المحيط الهادئ
mar (m) Glaciale Artico	al muḥīṭ il mutaʒammid aʃ ʃimāliy (m)	المحيط المتجمّد الشماليّ
mar (m) Nero	al baḥr al aswad (m)	البحر الأسود
mar (m) Rosso	al baḥr al aḥmar (m)	البحر الأحمر
mar (m) Giallo	al baḥr al aṣfar (m)	البحر الأصفر
mar (m) Bianco	al baḥr al abyaḍ (m)	البحر الأبيض
mar (m) Caspio	baḥr qazwīn (m)	بحر قزوين
mar (m) Morto	al baḥr al mayyit (m)	البحر المیّت
mar (m) Mediterraneo	al baḥr al abyaḍ al mutawassiṭ (m)	البحر الأبيض المتوسّط
mar (m) Egeo	baḥr ʾiʒah (m)	بحر إجمة
mar (m) Adriatico	al baḥr al adriyatīkiy (m)	البحر الأدرياتيكيّ
mar (m) Arabico	baḥr al ʿarab (m)	بحر العرب
mar (m) del Giappone	baḥr al yabān (m)	بحر اليابان
mare (m) di Bering	baḥr birinʒ (m)	بحر بيرينغ

mar (m) Cinese meridionale	baḥr aṣ ṣīn al ȝanūbiy (m)	بحر الصين الجنوبيّ
mar (m) dei Coralli	baḥr al marȝān (m)	بحر المرجان
mar (m) di Tasman	baḥr tasmān (m)	بحر تسمان
mar (m) dei Caraibi	al baḥr al karībiy (m)	البحر الكاريبيّ
mare (m) di Barents	baḥr barints (m)	بحر بارينس
mare (m) di Kara	baḥr kara (m)	بحر كارا
mare (m) del Nord	baḥr aʃ ʃimāl (m)	بحر الشمال
mar (m) Baltico	al baḥr al balṭīq (m)	البحر البلطيق
mare (m) di Norvegia	baḥr an narwīȝ (m)	بحر النرويج

79. Montagne

monte (m), montagna (f)	ȝabal (m)	جبل
catena (f) montuosa	silsilat ȝibāl (f)	سلسلة جبال
crinale (m)	qimam ȝabaliyya (pl)	قمم جبليّة
cima (f)	qimma (f)	قمّة
picco (m)	qimma (f)	قمّة
piedi (m pl)	asfal (m)	أسفل
pendio (m)	munḥadar (m)	منحدر
vulcano (m)	burkān (m)	بركان
vulcano (m) attivo	burkān naʃiṭ (m)	بركان نشط
vulcano (m) inattivo	burkān xāmid (m)	بركان خامد
eruzione (f)	θawrān (m)	ثوران
cratere (m)	fūhat al burkān (f)	فوهة البركان
magma (m)	māxma (f)	ماغما
lava (f)	ḥumam burkāniyya (pl)	حمم بركانيّة
fuso (lava ~a)	munṣahira	منصهرة
canyon (m)	talʿa (m)	تلعة
gola (f)	wādi ḍayyiq (m)	واد ضيّق
crepaccio (m)	ʃaqq (m)	شقّ
precipizio (m)	hāwiya (f)	هاوية
passo (m), valico (m)	mamarr ȝabaliy (m)	ممرّ جبليّ
altopiano (m)	haḍba (f)	هضبة
falesia (f)	ȝurf (m)	جرف
collina (f)	tall (m)	تلّ
ghiacciaio (m)	nahr ȝalīdiy (m)	نهر جليديّ
cascata (f)	ʃallāl (m)	شلّال
geyser (m)	fawwāra ḥārra (m)	فوّارة حارّة
lago (m)	buḥayra (f)	بحيرة
pianura (f)	sahl (m)	سهل
paesaggio (m)	manẓar ṭabīʿiy (m)	منظر طبيعيّ
eco (f)	ṣada (m)	صدى
alpinista (m)	mutasalliq al ȝibāl (m)	متسلّق الجبال
scalatore (m)	mutasalliq ṣuxūr (m)	متسلّق صخور

| conquistare (~ una cima) | tayallab 'ala | تغلب على |
| scalata (f) | tasalluq (m) | تسلق |

80. Nomi delle montagne

Alpi (f pl)	ʒibāl al alb (pl)	جبال الألب
Monte (m) Bianco	mūn blūn (m)	مون بلون
Pirenei (m pl)	ʒibāl al barānis (pl)	جبال البرانس
Carpazi (m pl)	ʒibāl al karbāt (pl)	جبال الكاربيات
gli Urali (m pl)	ʒibāl al 'ūrāl (pl)	جبال الأورال
Caucaso (m)	ʒibāl al qawqāz (pl)	جبال القوقاز
Monte (m) Elbrus	ʒabal ilbrūs (m)	جبل إلبروس
Monti (m pl) Altai	ʒibāl altāy (pl)	جبال ألتاي
Tien Shan (m)	ʒibāl tian ʃan (pl)	جبال تيان شان
Pamir (m)	ʒibāl bamīr (pl)	جبال بامير
Himalaia (m)	himalāya (pl)	هيمالايا
Everest (m)	ʒabal ivirist (m)	جبل افرست
Ande (f pl)	ʒibāl al andīz (pl)	جبال الأنديز
Kilimangiaro (m)	ʒabal kilimanʒāru (m)	جبل كليمنجارو

81. Fiumi

fiume (m)	nahr (m)	نهر
fonte (f) (sorgente)	'ayn (m)	عين
letto (m) (~ del fiume)	maʒra an nahr (m)	مجرى النهر
bacino (m)	ḥawḍ (m)	حوض
sfociare nel ...	ṣabb fi ...	صب في...
affluente (m)	rāfid (m)	رافد
riva (f)	ḍiffa (f)	ضفة
corrente (f)	tayyār (m)	تيّار
a valle	f ittiʒāh maʒra an nahr	في إتجاه مجرى النهر
a monte	ḍidd at tayyār	ضد التيّار
inondazione (f)	yamr (m)	غمر
piena (f)	fayaḍān (m)	فيضان
straripare (vi)	fāḍ	فاض
inondare (vt)	yamar	غمر
secca (f)	miyāh ḍaḥla (f)	مياه ضحلة
rapida (f)	munḥadar an nahr (m)	منحدر النهر
diga (f)	sadd (m)	سدّ
canale (m)	qanāt (f)	قناة
bacino (m) di riserva	xazzān mā'iy (m)	خزّان مائيّ
chiusa (f)	hawīs (m)	هويس
specchio (m) d'acqua	masṭaḥ mā'iy (m)	مسطح مائيّ
palude (f)	mustanqaʿ (m)	مستنقع

pantano (m)	mustanqa' (m)	مستنقع
vortice (m)	dawwāma (f)	دوّامة
ruscello (m)	ʒadwal mā'iy (m)	جدول مائيّ
potabile (agg)	aʃ ʃurb	الشرب
dolce (di acqua ~)	'aðb	عذب
ghiaccio (m)	ʒalīd (m)	جليد
ghiacciarsi (vr)	taʒammad	تجمّد

82. Nomi dei fiumi

Senna (f)	nahr as sīn (m)	نهر السين
Loira (f)	nahr al lua:r (m)	نهر اللوار
Tamigi (m)	nahr at tīmz (m)	نهر التيمز
Reno (m)	nahr ar rayn (m)	نهر الراين
Danubio (m)	nahr ad danūb (m)	نهر الدانوب
Volga (m)	nahr al vulɣa (m)	نهر الفولغا
Don (m)	nahr ad dūn (m)	نهر الدون
Lena (f)	nahr līna (m)	نهر لينا
Fiume (m) Giallo	an nahr al aṣfar (m)	النهر الأصفر
Fiume (m) Azzurro	nahr al yanɣtsi (m)	نهر اليانغتسي
Mekong (m)	nahr al mikunɣ (m)	نهر الميكونغ
Gange (m)	nahr al ɣānʒ (m)	نهر الغانج
Nilo (m)	nahr an nīl (m)	نهر النيل
Congo (m)	nahr al kunɣu (m)	نهر الكونغو
Okavango	nahr ukavanʒu (m)	نهر اوكافانجو
Zambesi (m)	nahr az zambizi (m)	نهر الزمبيزي
Limpopo (m)	nahr limbubu (m)	نهر ليمبوبو
Mississippi (m)	nahr al mississibbi (m)	نهر الميسيسيبي

83. Foresta

foresta (f)	ɣāba (f)	غابة
forestale (agg)	ɣāba	غابة
foresta (f) fitta	ɣāba kaθīfa (f)	غابة كثيفة
boschetto (m)	ɣāba ṣaɣīra (f)	غابة صغيرة
radura (f)	minṭaqa uzīlat minha al aʃʒār (f)	منطقة أزيلت منها الأشجار
roveto (m)	aʒama (f)	أجمة
boscaglia (f)	ʃuʒayrāt (pl)	شجيرات
sentiero (m)	mamarr (m)	ممرّ
calanco (m)	wādi ḍayyiq (m)	واد ضيق
albero (m)	ʃaʒara (f)	شجرة
foglia (f)	waraqa (f)	ورقة

fogliame (m)	waraq (m)	ورق
caduta (f) delle foglie	tasāquṭ al awrāq (m)	تساقط الأوراق
cadere (vi)	saqaṭ	سقط
cima (f)	ra's (m)	رأس

ramo (m), ramoscello (m)	ɣuṣn (m)	غصن
ramo (m)	ɣuṣn (m)	غصن
gemma (f)	bur'um (m)	برعم
ago (m)	ʃawka (f)	شوكة
pigna (f)	kūz aṣ ṣanawbar (m)	كوز الصنوبر

cavità (f)	ʒawf (m)	جوف
nido (m)	'uʃʃ (m)	عش
tana (f) (del fox, ecc.)	ʒuḥr (m)	جحر

tronco (m)	ʒiðʿ (m)	جذع
radice (f)	ʒiðr (m)	جذر
corteccia (f)	liḥā' (m)	لحاء
musco (m)	ṭuḥlub (m)	طحلب

sradicare (vt)	iqtalaʿ	إقتلع
abbattere (~ un albero)	qaṭaʿ	قطع
disboscare (vt)	azāl al ɣābāt	أزال الغابات
ceppo (m)	ʒiðʿ aʃ ʃaʒara (m)	جذع الشجرة

falò (m)	nār muxayyam (m)	نار مخيّم
incendio (m) boschivo	ḥarīq ɣāba (m)	حريق غابة
spegnere (vt)	aṭfa'	أطفأ

guardia (f) forestale	ḥāris al ɣāba (m)	حارس الغابة
protezione (f)	ḥimāya (f)	حماية
proteggere (~ la natura)	ḥama	حمى
bracconiere (m)	sāriq aṣ ṣayd (m)	سارق الصيد
tagliola (f) (~ per orsi)	maṣyada (f)	مصيدة

raccogliere (vt)	ʒamaʿ	جمع
perdersi (vr)	tāh	تاه

84. Risorse naturali

risorse (f pl) naturali	θarawāt ṭabīʿiyya (pl)	ثروات طبيعيّة
minerali (m pl)	maʿādin (pl)	معادن
deposito (m) (~ di carbone)	makāmin (pl)	مكامن
giacimento (m) (~ petrolifero)	ḥaql (m)	حقل

estrarre (vt)	istaxraʒ	إستخرج
estrazione (f)	istixrāʒ (m)	إستخراج
minerale (m) grezzo	xām (m)	خام
miniera (f)	manʒam (m)	منجم
pozzo (m) di miniera	manʒam (m)	منجم
minatore (m)	ʿāmil manʒam (m)	عامل منجم

gas (m)	ɣāz (m)	غاز
gasdotto (m)	xaṭṭ anābīb ɣāz (m)	خط أنابيب غاز

petrolio (m)	naft (m)	نفط
oleodotto (m)	anābīb an naft (pl)	أنابيب النفط
torre (f) di estrazione	bi'r an naft (m)	بئر النفط
torre (f) di trivellazione	ḥaffāra (f)	حفّارة
petroliera (f)	nāqilat an naft (f)	ناقلة النفط

sabbia (f)	raml (m)	رمل
calcare (m)	ḥaʒar kalsiy (m)	حجر كلسيّ
ghiaia (f)	ḥaṣa (m)	حصى
torba (f)	χaθθ faḥm nabātiy (m)	خثّ فحم نباتيّ
argilla (f)	ṭīn (m)	طين
carbone (m)	faḥm (m)	فحم

ferro (m)	ḥadīd (m)	حديد
oro (m)	ðahab (m)	ذهب
argento (m)	fiḍḍa (f)	فضّة
nichel (m)	nikil (m)	نيكل
rame (m)	nuḥās (m)	نحاس

zinco (m)	zink (m)	زنك
manganese (m)	manɣanīz (m)	منغنيز
mercurio (m)	zi'baq (m)	زئبق
piombo (m)	ruṣāṣ (m)	رصاص

minerale (m)	maʿdan (m)	معدن
cristallo (m)	ballūra (f)	بلّورة
marmo (m)	ruχām (m)	رخام
uranio (m)	yurānuim (m)	يورانيوم

85. Tempo

tempo (m)	ṭaqs (m)	طقس
previsione (f) del tempo	naʃra ʒawwiyya (f)	نشرة جوّية
temperatura (f)	ḥarāra (f)	حرارة
termometro (m)	tirmūmitr (m)	ترمومتر
barometro (m)	barūmitr (m)	بارومتر

umido (agg)	raṭib	رطب
umidità (f)	ruṭūba (f)	رطوبة
caldo (m), afa (f)	ḥarāra (f)	حرارة
molto caldo (agg)	ḥārr	حارّ
fa molto caldo	al ʒaww ḥārr	الجوّ حارّ

fa caldo	al ʒaww dāfi'	الجوّ دافئ
caldo, mite (agg)	dāfi'	دافئ

fa freddo	al ʒaww bārid	الجوّ بارد
freddo (agg)	bārid	بارد

sole (m)	ʃams (f)	شمس
splendere (vi)	aḍā'	أضاء
di sole (una giornata ~)	muʃmis	مشمس
sorgere, levarsi (vr)	ʃaraq	شرق
tramontare (vi)	ɣarab	غرب

nuvola (f)	saḥāba (f)	سحابة
nuvoloso (agg)	ɣā'im	غائم
nube (f) di pioggia	saḥābat maṭar (f)	سحابة مطر
nuvoloso (agg)	ɣā'im	غائم

pioggia (f)	maṭar (m)	مطر
piove	innaha tamṭur	إنها تمطر
piovoso (agg)	mumṭir	ممطر
piovigginare (vi)	raðð	رذ

pioggia (f) torrenziale	maṭar munhamir (f)	مطر منهمر
acquazzone (m)	maṭar ɣazīr (m)	مطر غزير
forte (una ~ pioggia)	ʃadīd	شديد
pozzanghera (f)	birka (f)	بركة
bagnarsi (~ sotto la pioggia)	ibtall	إبتل

foschia (f), nebbia (f)	ḍabāb (m)	ضباب
nebbioso (agg)	muḍabbab	مضبب
neve (f)	θalʒ (m)	ثلج
nevica	innaha taθluʒ	إنها تثلج

86. Rigide condizioni metereologiche. Disastri naturali

temporale (m)	'āṣifa ra'diyya (f)	عاصفة رعديّة
fulmine (f)	barq (m)	برق
lampeggiare (vi)	baraq	برق

tuono (m)	ra'd (m)	رعد
tuonare (vi)	ra'ad	رعد
tuona	tar'ad as samā'	ترعد السماء

grandine (f)	maṭar bard (m)	مطر برد
grandina	tamṭur as samā' bardan	تمطر السماء بردًا

inondare (vt)	ɣamar	غمر
inondazione (f)	fayaḍān (m)	فيضان

terremoto (m)	zilzāl (m)	زلزال
scossa (f)	hazza arḍiyya (f)	هزّة أرضيّة
epicentro (m)	markaz az zilzāl (m)	مركز الزلزال

eruzione (f)	θawrān (m)	ثوران
lava (f)	ḥumam burkāniyya (pl)	حمم بركانيّة

tromba (f), tornado (m)	i'ṣār (m)	إعصار
tifone (m)	ṭūfān (m)	طوفان

uragano (m)	i'ṣār (m)	إعصار
tempesta (f)	'āṣifa (f)	عاصفة
tsunami (m)	tsunāmi (m)	تسونامي

ciclone (m)	i'ṣār (m)	إعصار
maltempo (m)	ṭaqs sayyi' (m)	طقس سيّء
incendio (m)	ḥarīq (m)	حريق

disastro (m)	kāriθa (f)	كارثة
meteorite (m)	ḥaӡar nayzakiy (m)	حجر نيزكيّ
valanga (f)	inhiyār θalӡiy (m)	إنهيار ثلجيّ
slavina (f)	inhiyār θalӡiy (m)	إنهيار ثلجيّ
tempesta (f) di neve	'āṣifa θalӡiyya (f)	عاصفة ثلجيّة
bufera (f) di neve	'āṣifa θalӡiyya (f)	عاصفة ثلجيّة

FAUNA

87. Mammiferi. Predatori

predatore (m)	ḥayawān muftaris (m)	حيوان مفترس
tigre (f)	namir (m)	نمر
leone (m)	asad (m)	أسد
lupo (m)	ði'b (m)	ذئب
volpe (m)	θa'lab (m)	ثعلب
giaguaro (m)	namir amrīkiy (m)	نمر أمريكيّ
leopardo (m)	fahd (m)	فهد
ghepardo (m)	namir ṣayyād (m)	نمر صيّاد
pantera (f)	namir aswad (m)	نمر أسود
puma (f)	būma (m)	بوما
leopardo (m) delle nevi	namir aθ θulūʒ (m)	نمر الثلوج
lince (f)	waʃaq (m)	وشق
coyote (m)	qayūṭ (m)	قيوط
sciacallo (m)	ibn 'āwa (m)	ابن آوى
iena (f)	ḍabu' (m)	ضبع

88. Animali selvatici

animale (m)	ḥayawān (m)	حيوان
bestia (f)	ḥayawān (m)	حيوان
scoiattolo (m)	sinʒāb (m)	سنجاب
riccio (m)	qumfuð (m)	قنفذ
lepre (f)	arnab barriy (m)	أرنب بريّ
coniglio (m)	arnab (m)	أرنب
tasso (m)	ɣarīr (m)	غرير
procione (f)	rākūn (m)	راكون
criceto (m)	qidād (m)	قداد
marmotta (f)	marmuṭ (m)	مرموط
talpa (f)	χuld (m)	خلد
topo (m)	fa'r (m)	فأر
ratto (m)	ʒurað (m)	جرذ
pipistrello (m)	χuffāʃ (m)	خفّاش
ermellino (m)	qāqum (m)	قاقم
zibellino (m)	sammūr (m)	سمّور
martora (f)	dalaq (m)	دلق
donnola (f)	ibn 'irs (m)	إبن عرس
visone (m)	mink (m)	منك

castoro (m)	qundus (m)	قندس
lontra (f)	quḍā'a (f)	قضاعة
cavallo (m)	ḥiṣān (m)	حصان
alce (m)	mūz (m)	موظ
cervo (m)	ayyil (m)	أيّل
cammello (m)	ʒamal (m)	جمل
bisonte (m) americano	bisūn (m)	بيسون
bisonte (m) europeo	θawr barriy (m)	ثور برّيّ
bufalo (m)	ʒāmūs (m)	جاموس
zebra (f)	ḥimār zarad (m)	حمار زرد
antilope (f)	ẓabiy (m)	ظبي
capriolo (m)	yaḥmūr (m)	يحمور
daino (m)	ayyil asmar urubbiy (m)	أيّل أسمر أوروبّيّ
camoscio (m)	ʃamwāh (f)	شاموه
cinghiale (m)	xinzīr barriy (m)	خنزير برّيّ
balena (f)	ḥūt (m)	حوت
foca (f)	fuqma (f)	فقمة
tricheco (m)	faẓẓ (m)	فظّ
otaria (f)	fuqmat al firā' (f)	فقمة الفراء
delfino (m)	dilfīn (m)	دلفين
orso (m)	dubb (m)	دبّ
orso (m) bianco	dubb quṭbiy (m)	دبّ قطبيّ
panda (m)	bānda (m)	باندا
scimmia (f)	qird (m)	قرد
scimpanzè (m)	ʃimbanzi (m)	شيمبانزي
orango (m)	urangutān (m)	أورنغوتان
gorilla (m)	ɣurīlla (f)	غوريلا
macaco (m)	qird al makāk (m)	قرد المكاك
gibbone (m)	ʒibbūn (m)	جيبون
elefante (m)	fīl (m)	فيل
rinoceronte (m)	xartīt (m)	خرتيت
giraffa (f)	zarāfa (f)	زرافة
ippopotamo (m)	faras an nahr (m)	فرس النهر
canguro (m)	kanɣar (m)	كنغر
koala (m)	kuala (m)	كوالا
mangusta (f)	nims (m)	نمس
cincillà (f)	ʃinʃīla (f)	شنشيلة
moffetta (f)	ẓaribān (m)	ظربان
istrice (m)	nīṣ (m)	نيص

89. Animali domestici

gatta (f)	qiṭṭa (f)	قطّة
gatto (m)	ðakar al qiṭṭ (m)	ذكر القطّ
cane (m)	kalb (m)	كلب

cavallo (m)	ḥiṣān (m)	حصان
stallone (m)	faḥl al χayl (m)	فحل الخيل
giumenta (f)	unθa al faras (f)	أنثى الفرس
mucca (f)	baqara (f)	بقرة
toro (m)	θawr (m)	ثور
bue (m)	θawr (m)	ثور
pecora (f)	χarūf (f)	خروف
montone (m)	kabʃ (m)	كبش
capra (f)	mā'iz (m)	ماعز
caprone (m)	ðakar al mā'ið (m)	ذكر الماعز
asino (m)	ḥimār (m)	حمار
mulo (m)	baɣl (m)	بغل
porco (m)	χinzīr (m)	خنزير
porcellino (m)	χannūṣ (m)	خنّوص
coniglio (m)	arnab (m)	أرنب
gallina (f)	daʒāʒa (f)	دجاجة
gallo (m)	dīk (m)	ديك
anatra (f)	baṭṭa (f)	بطّة
maschio (m) dell'anatra	ðakar al baṭṭ (m)	ذكر البطّ
oca (f)	iwazza (f)	إوزّة
tacchino (m)	dīk rūmiy (m)	ديك روميّ
tacchina (f)	daʒāʒ rūmiy (m)	دجاج روميّ
animali (m pl) domestici	ḥayawānāt dawāʒin (pl)	حيوانات دواجن
addomesticato (agg)	alīf	أليف
addomesticare (vt)	allaf	ألّف
allevare (vt)	rabba	ربّى
fattoria (f)	mazra'a (f)	مزرعة
pollame (m)	ṭuyūr dāʒina (pl)	طيور داجنة
bestiame (m)	māʃiya (f)	ماشية
branco (m), mandria (f)	qaṭī' (m)	قطيع
scuderia (f)	isṭabl χayl (m)	إسطبل خيل
porcile (m)	ḥaẓīrat al χanāzīr (f)	حظيرة الخنازير
stalla (f)	zirībat al baqar (f)	زريبة البقر
conigliera (f)	qunn al arānib (m)	قنّ الأرانب
pollaio (m)	qunn ad daʒāʒ (m)	قنّ الدجاج

90. Uccelli

uccello (m)	ṭā'ir (m)	طائر
colombo (m), piccione (m)	ḥamāma (f)	حمامة
passero (m)	'uṣfūr (m)	عصفور
cincia (f)	qurquf (m)	قرقف
gazza (f)	'aq'aq (m)	عقعق
corvo (m)	ɣurāb aswad (m)	غراب أسود

cornacchia (f)	ɣurāb (m)	غراب
taccola (f)	zāɣ (m)	زاغ
corvo (m) nero	ɣurāb al qayẓ (m)	غراب القيظ
anatra (f)	baṭṭa (f)	بطّة
oca (f)	iwazza (f)	إوزّة
fagiano (m)	tadarruʒ (m)	تدرج
aquila (f)	nasr (m)	نسر
astore (m)	bāz (m)	باز
falco (m)	ṣaqr (m)	صقر
grifone (m)	raχam (m)	رخم
condor (m)	kundūr (m)	كندور
cigno (m)	timma (m)	تمّة
gru (f)	kurkiy (m)	كركي
cicogna (f)	laqlaq (m)	لقلق
pappagallo (m)	babaɣā' (m)	ببغاء
colibrì (m)	ṭannān (m)	طنّان
pavone (m)	ṭāwūs (m)	طاووس
struzzo (m)	naʿāma (f)	نعامة
airone (m)	balaʃūn (m)	بلشون
fenicottero (m)	nuḥām wardiy (m)	نحام ورديّ
pellicano (m)	baʒaʿa (f)	بجعة
usignolo (m)	bulbul (m)	بلبل
rondine (f)	sunūnū (m)	سنونو
tordo (m)	sumna (m)	سمنة
tordo (m) sasello	summuna muɣarrida (m)	سمنة مغرّدة
merlo (m)	ʃaḥrūr aswad (m)	شحرور أسود
rondone (m)	samāma (m)	سمامة
allodola (f)	qubbara (f)	قبّرة
quaglia (f)	sammān (m)	سمّان
picchio (m)	naqqār al χaʃab (m)	نقّار الخشب
cuculo (m)	waqwāq (m)	وقواق
civetta (f)	būma (f)	بومة
gufo (m) reale	būm urāsiy (m)	بوم أوراسيّ
urogallo (m)	dīk il χalanʒ (m)	ديك الخلنج
fagiano (m) di monte	ṭayhūʒ aswad (m)	طيهوج أسود
pernice (f)	ḥaʒal (m)	حجل
storno (m)	zurzūr (m)	زرزور
canarino (m)	kanāriy (m)	كناريّ
francolino (m) di monte	ṭayhūʒ il bunduq (m)	طيهوج البندق
fringuello (m)	ʃurʃūr (m)	شرشور
ciuffolotto (m)	diɣnāʃ (m)	دغناش
gabbiano (m)	nawras (m)	نورس
albatro (m)	al qaṭras (m)	القطرس
pinguino (m)	biṭrīq (m)	بطريق

91. Pesci. Animali marini

abramide (f)	abramīs (m)	أبراميس
carpa (f)	ʃabbūṭ (m)	شبّوط
perca (f)	farχ (m)	فرخ
pesce (m) gatto	qarmūṭ (m)	قرموط
luccio (m)	samak al karāki (m)	سمك الكراكي

salmone (m)	salmūn (m)	سلمون
storione (m)	ḥafʃ (m)	حفش

aringa (f)	rinʒa (f)	رنجة
salmone (m)	salmūn aṭlasiy (m)	سلمون أطلسيّ
scombro (m)	usqumriy (m)	أسقمريّ
sogliola (f)	samak mufalṭaḥ (f)	سمك مفلطح

lucioperca (f)	samak sandar (m)	سمك سندر
merluzzo (m)	qudd (m)	قدّ
tonno (m)	tūna (f)	تونة
trota (f)	salmūn muraqqaṭ (m)	سلمون مرقّط

anguilla (f)	ḥankalīs (m)	حنكليس
torpedine (f)	ra''ād (m)	رعّاد
murena (f)	murāy (m)	موراي
piranha (f)	birāna (f)	بيرانا

squalo (m)	qirʃ (m)	قرش
delfino (m)	dilfīn (m)	دلفين
balena (f)	ḥūt (m)	حوت

granchio (m)	salṭa'ūn (m)	سلطعون
medusa (f)	qindīl al baḥr (m)	قنديل البحر
polpo (m)	uχṭubūṭ (m)	أخطبوط

stella (f) marina	naʒmat al baḥr (f)	نجمة البحر
riccio (m) di mare	qumfuð al baḥr (m)	قنفذ البحر
cavalluccio (m) marino	ḥiṣān al baḥr (m)	فرس البحر

ostrica (f)	maḥār (m)	محار
gamberetto (m)	ʒambari (m)	جمبريّ
astice (m)	istakūza (f)	إستكوزا
aragosta (f)	karkand ʃāik (m)	كركند شائك

92. Anfibi. Rettili

serpente (m)	θu'bān (m)	ثعبان
velenoso (agg)	sāmm	سامّ

vipera (f)	af'a (f)	أفعى
cobra (m)	kūbra (m)	كوبرا
pitone (m)	biθūn (m)	بيثون
boa (m)	buwā' (f)	بواء
biscia (f)	θu'bān al 'uʃb (m)	ثعبان العشب

serpente (m) a sonagli	af'a al ʒalʒala (f)	أفعى الجلجلة
anaconda (f)	anakūnda (f)	أناكوندا
lucertola (f)	siḥliyya (f)	سحليّة
iguana (f)	iɣwāna (f)	إغوانة
varano (m)	waral (m)	ورل
salamandra (f)	samandar (m)	سمندر
camaleonte (m)	ḥirbā' (f)	حرباء
scorpione (m)	'aqrab (m)	عقرب
tartaruga (f)	sulaḥfāt (f)	سلحفاة
rana (f)	ḍifḍa' (m)	ضفدع
rospo (m)	ḍifḍa' aṭ ṭīn (m)	ضفدع الطين
coccodrillo (m)	timsāḥ (m)	تمساح

93. Insetti

insetto (m)	ḥaʃara (f)	حشرة
farfalla (f)	farāʃa (f)	فراشة
formica (f)	namla (f)	نملة
mosca (f)	ðubāba (f)	ذبابة
zanzara (f)	namūsa (f)	ناموسة
scarabeo (m)	χunfusa (f)	خنفسة
vespa (f)	dabbūr (m)	دبّور
ape (f)	naḥla (f)	نحلة
bombo (m)	naḥla ṭannāna (f)	نحلة طنّانة
tafano (m)	na'ra (f)	نعرة
ragno (m)	'ankabūt (m)	عنكبوت
ragnatela (f)	nasīʒ 'ankabūt (m)	نسيج عنكبوت
libellula (f)	ya'sūb (m)	يعسوب
cavalletta (f)	ʒarād (m)	جراد
farfalla (f) notturna	'itta (f)	عتة
scarafaggio (m)	ṣurṣūr (m)	صرصور
zecca (f)	qurāda (f)	قرادة
pulce (f)	burɣūθ (m)	برغوث
moscerino (m)	ba'ūḍa (f)	بعوضة
locusta (f)	ʒarād (m)	جراد
lumaca (f)	ḥalzūn (m)	حلزون
grillo (m)	ṣarrār al layl (m)	صرّار الليل
lucciola (f)	yarā'a muḍī'a (f)	يراعة مضيئة
coccinella (f)	da'sūqa (f)	دعسوقة
maggiolino (m)	χunfusa kabīra (f)	خنفسة كبيرة
sanguisuga (f)	'alaqa (f)	علقة
bruco (m)	yasrū' (m)	يسروع
verme (m)	dūda (f)	دودة
larva (f)	yaraqa (f)	يرقة

FLORA

94. Alberi

albero (m)	ʃaӡara (f)	شجرة
deciduo (agg)	nafḍiyya	نفضيّة
conifero (agg)	ṣanawbariyya	صنوبريّة
sempreverde (agg)	dā'imat al xuḍra	دائمة الخضرة
melo (m)	ʃaӡarat tuffāḥ (f)	شجرة تفّاح
pero (m)	ʃaӡarat kummaθra (f)	شجرة كمّثرى
ciliegio (m), amareno (m)	ʃaӡarat karaz (f)	شجرة كرز
prugno (m)	ʃaӡarat barqūq (f)	شجرة برقوق
betulla (f)	batūla (f)	بتولا
quercia (f)	ballūṭ (f)	بلّوط
tiglio (m)	ʃaӡarat zayzafūn (f)	شجرة زيزفون
pioppo (m) tremolo	ḥawr raӡrāӡ (m)	حور رجراج
acero (m)	qayqab (f)	قيقب
abete (m)	ratinaӡ (f)	راتينج
pino (m)	ṣanawbar (f)	صنوبر
larice (m)	arziyya (f)	أرزيّة
abete (m) bianco	tannūb (f)	تنّوب
cedro (m)	arz (f)	أرز
pioppo (m)	ḥawr (f)	حور
sorbo (m)	ɣubayrā' (f)	غبيراء
salice (m)	ṣafṣāf (f)	صفصاف
alno (m)	ӡār il mā' (m)	جار الماء
faggio (m)	zān (m)	زان
olmo (m)	dardār (f)	دردار
frassino (m)	marān (f)	مران
castagno (m)	kastanā' (f)	كستناء
magnolia (f)	maɣnūliya (f)	مغنوليا
palma (f)	naxla (f)	نخلة
cipresso (m)	sarw (f)	سرو
mangrovia (f)	ayka sāḥiliyya (f)	أيكة ساحليّة
baobab (m)	bāubāb (f)	باوباب
eucalipto (m)	ukaliptus (f)	أوكاليبتوس
sequoia (f)	siqūya (f)	سيكويا

95. Arbusti

cespuglio (m)	ʃuӡayra (f)	شجيرة
arbusto (m)	ʃuӡayrāt (pl)	شجيرات

| vite (f) | karma (f) | كرمة |
| vigneto (m) | karam (m) | كرم |

lampone (m)	tūt al ʻullayq al aḥmar (m)	توت العليق الأحمر
ribes (m) rosso	kiʃmiʃ aḥmar (m)	كشمش أحمر
uva (f) spina	ʻinab aθ θaʻlab (m)	عنب الثعلب

acacia (f)	sanṭ (f)	سنط
crespino (m)	amīr barīs (m)	أمير باريس
gelsomino (m)	yāsmīn (m)	ياسمين

ginepro (m)	ʻarʻar (m)	عرعر
roseto (m)	ʃuʒayrat ward (f)	شجيرة ورد
rosa (f) canina	ward ʒabaliy (m)	ورد جبلي

96. Frutti. Bacche

frutto (m)	θamra (f)	ثمرة
frutti (m pl)	θamr (m)	ثمر
mela (f)	tuffāḥa (f)	تفاحة

| pera (f) | kummaθra (f) | كمّثرى |
| prugna (f) | barqūq (m) | برقوق |

fragola (f)	farawla (f)	فراولة
amarena (f), ciliegia (f)	karaz (m)	كرز
uva (f)	ʻinab (m)	عنب

lampone (m)	tūt al ʻullayq al aḥmar (m)	توت العليق الأحمر
ribes (m) nero	ʻinab aθ θaʻlab al aswad (m)	عنب الثعلب الأسود
ribes (m) rosso	kiʃmiʃ aḥmar (m)	كشمش أحمر

| uva (f) spina | ʻinab aθ θaʻlab (m) | عنب الثعلب |
| mirtillo (m) di palude | tūt aḥmar barriy (m) | توت أحمر برّيّ |

arancia (f)	burtuqāl (m)	برتقال
mandarino (m)	yūsufiy (m)	يوسفي
ananas (m)	ananās (m)	أناناس

| banana (f) | mawz (m) | موز |
| dattero (m) | tamr (m) | تمر |

limone (m)	laymūn (m)	ليمون
albicocca (f)	miʃmiʃ (f)	مشمش
pesca (f)	durrāq (m)	دراق

| kiwi (m) | kiwi (m) | كيوي |
| pompelmo (m) | zinbāʻ (m) | زنباع |

bacca (f)	ḥabba (f)	حبّة
bacche (f pl)	ḥabbāt (pl)	حبّات
mirtillo (m) rosso	ʻinab aθ θawr (m)	عنب الثور
fragola (f) di bosco	farāwla barriyya (f)	فراولة برّيّة
mirtillo (m)	ʻinab al aḥrāʒ (m)	عنب الأحراج

97. Fiori. Piante

fiore (m)	zahra (f)	زهرة
mazzo (m) di fiori	bāqat zuhūr (f)	باقة زهور
rosa (f)	warda (f)	وردة
tulipano (m)	tulīb (f)	توليب
garofano (m)	qurumful (m)	قرنفل
gladiolo (m)	dalbūθ (f)	دلبوث
fiordaliso (m)	turunʃāh (m)	ترنشاه
campanella (f)	ʒarīs (m)	جريس
soffione (m)	hindibā' (f)	هندباء
camomilla (f)	babunʒ (m)	بابونج
aloe (m)	aluwwa (m)	ألوّة
cactus (m)	ṣabbār (m)	صبّار
ficus (m)	tīn (m)	تين
giglio (m)	sawsan (m)	سوسن
geranio (m)	ibrat ar rā'i (f)	إبرة الراعي
giacinto (m)	zanbaq (f)	زنبق
mimosa (f)	mimūza (f)	ميموزا
narciso (m)	narʒis (f)	نرجس
nasturzio (m)	abu xanʒar (f)	أبو خنجر
orchidea (f)	saḥlab (f)	سحلب
peonia (f)	fawniya (f)	فاونيا
viola (f)	banafsaʒ (f)	بنفسج
viola (f) del pensiero	banafsaʒ muθallaθ (m)	بنفسج مثلث
nontiscordardimé (m)	'āðān al fa'r (pl)	آذان الفأر
margherita (f)	uqḥuwān (f)	أقحوان
papavero (m)	xaʃxaʃ (f)	خشخاش
canapa (f)	qinnab (m)	قنب
menta (f)	na'nā' (m)	نعناع
mughetto (m)	sawsan al wādi (m)	سوسن الوادي
bucaneve (m)	zahrat al laban (f)	زهرة اللبن
ortica (f)	qarrāṣ (m)	قرّاص
acetosa (f)	ḥammāḍ (m)	حمّاض
ninfea (f)	nilūfar (m)	نيلوفر
felce (f)	saraxs (m)	سرخس
lichene (m)	uʃna (f)	أشنة
serra (f)	dafi'a (f)	دفيئة
prato (m) erboso	'uʃb (m)	عشب
aiuola (f)	ʒunaynat zuhūr (f)	جنينة زهور
pianta (f)	nabāt (m)	نبات
erba (f)	'uʃb (m)	عشب
filo (m) d'erba	'uʃba (f)	عشبة

foglia (f)	waraqa (f)	ورقة
petalo (m)	waraqat az zahra (f)	ورقة الزهرة
stelo (m)	sāq (f)	ساق
tubero (m)	darnat nabāt (f)	درنة نبات

| germoglio (m) | nabta sayīra (f) | نبتة صغيرة |
| spina (f) | ʃawka (f) | شوكة |

fiorire (vi)	nawwar	نوّر
appassire (vi)	ðabal	ذبل
odore (m), profumo (m)	rā'iḥa (f)	رائحة
tagliare (~ i fiori)	qaṭaʿ	قطع
cogliere (vt)	qaṭaf	قطف

98. Cereali, granaglie

grano (m)	ḥubūb (pl)	حبوب
cereali (m pl)	maḥāṣīl al ḥubūb (pl)	محاصيل الحبوب
spiga (f)	sumbula (f)	سنبلة

frumento (m)	qamḥ (m)	قمح
segale (f)	ʒāwdār (m)	جاودار
avena (f)	ʃūfān (m)	شوفان
miglio (m)	duxn (m)	دخن
orzo (m)	ʃaʿīr (m)	شعير

mais (m)	ðura (f)	ذرّة
riso (m)	urz (m)	أرز
grano (m) saraceno	ḥinṭa sawdā' (f)	حنطة سوداء

pisello (m)	bisilla (f)	بسلة
fagiolo (m)	faṣūliya (f)	فاصوليا
soia (f)	fūl aṣ ṣūya (m)	فول الصويا
lenticchie (f pl)	ʿadas (m)	عدس
fave (f pl)	fūl (m)	فول

PAESI

99. Paesi. Parte 1

Afghanistan (m)	afɣanistān (f)	أفغانستان
Albania (f)	albāniya (f)	ألبانيا
Arabia Saudita (f)	as sa'ūdiyya (f)	السعوديّة
Argentina (f)	arʒantīn (f)	الأرجنتين
Armenia (f)	armīniya (f)	أرمينيا
Australia (f)	usturāliya (f)	أستراليا
Austria (f)	an nimsa (f)	النمسا
Azerbaigian (m)	aðarbiʒān (m)	أذربيجان

Le Bahamas	ʒuzur bahāmas (pl)	جزر باهاماس
Bangladesh (m)	banʒladīʃ (f)	بنجلاديش
Belgio (m)	balʒīka (f)	بلجيكا
Bielorussia (f)	bilarūs (f)	بيلاروس
Birmania (f)	myanmār (f)	ميانمار
Bolivia (f)	bulīviya (f)	بوليفيا
Bosnia-Erzegovina (f)	al busna wal hirsuk (f)	البوسنة والهرسك
Brasile (m)	al brazīl (f)	البرازيل
Bulgaria (f)	bulɣāriya (f)	بلغاريا

Cambogia (f)	kambūdya (f)	كمبوديا
Canada (m)	kanada (f)	كندا
Cile (m)	tʃīli (f)	تشيلي
Cina (f)	aṣ ṣīn (f)	الصين
Cipro (m)	qubruṣ (f)	قبرص
Colombia (f)	kulumbiya (f)	كولومبيا
Corea (f) del Nord	kūria aʃ ʃimāliyya (f)	كوريا الشماليّة
Corea (f) del Sud	kuriya al ʒanūbiyya (f)	كوريا الجنوبيّة
Croazia (f)	kruātiya (f)	كرواتيا
Cuba (f)	kūba (f)	كوبا

Danimarca (f)	ad danimārk (f)	الدانمارك
Ecuador (m)	al iqwadūr (f)	الإكوادور
Egitto (m)	miṣr (f)	مصر
Emirati (m pl) Arabi	al imārāt al 'arabiyya al muttaḥida (pl)	الإمارات العربيّة المتّحدة
Estonia (f)	istūniya (f)	إستونيا
Finlandia (f)	finlanda (f)	فنلندا
Francia (f)	faransa (f)	فرنسا

100. Paesi. Parte 2

Georgia (f)	ʒūrʒiya (f)	جورجيا
Germania (f)	almāniya (f)	ألمانيا
Ghana (m)	ɣāna (f)	غانا

Giamaica (f)	ʒamāyka (f)	جامايكا
Giappone (m)	al yabān (f)	اليابان
Giordania (f)	al urdun (m)	الأردن
Gran Bretagna (f)	briṭāniya al 'uẓma (f)	بريطانيا العظمى
Grecia (f)	al yūnān (f)	اليونان

Haiti (m)	haīti (f)	هايتي
India (f)	al hind (f)	الهند
Indonesia (f)	indunīsiya (f)	إندونيسيا
Inghilterra (f)	inʒiltirra (f)	إنجلترًا
Iran (m)	ʾīrān (f)	إيران
Iraq (m)	al 'irāq (m)	العراق
Irlanda (f)	irlanda (f)	أيرلندا
Islanda (f)	'āyslanda (f)	آيسلندا
Israele (m)	isrāʾīl (f)	إسرائيل
Italia (f)	iṭāliya (f)	إيطاليا

Kazakistan (m)	kazaχstān (f)	كازاخستان
Kenya (m)	kiniya (f)	كينيا
Kirghizistan (m)	qirχizistān (f)	قيرغيزستان
Kuwait (m)	al kuwayt (f)	الكويت

Laos (m)	lawus (f)	لاوس
Lettonia (f)	lātviya (f)	لاتفيا
Libano (m)	lubnān (f)	لبنان
Libia (f)	lībiya (f)	ليبيا
Liechtenstein (m)	liʃtinʃtāyn (m)	ليشتنشتاين
Lituania (f)	litwāniya (f)	ليتوانيا
Lussemburgo (m)	luksimburχ (f)	لوكسمبورغ

Macedonia (f)	maqdūniya (f)	مقدونيا
Madagascar (m)	madaχaʃqar (m)	مدغشقر
Malesia (f)	malīziya (f)	ماليزيا
Malta (f)	malṭa (f)	مالطا
Marocco (m)	al maχrib (m)	المغرب
Messico (m)	al maksīk (f)	المكسيك
Moldavia (f)	muldāviya (f)	مولدافيا
Monaco (m)	munāku (f)	موناكو
Mongolia (f)	manχūliya (f)	منغوليا
Montenegro (m)	al ʒabal al aswad (m)	الجبل الأسود

Namibia (f)	namībiya (f)	ناميبيا
Nepal (m)	nibāl (f)	نيبال
Norvegia (f)	an nirwīʒ (f)	النرويج
Nuova Zelanda (f)	nyu zilanda (f)	نيوزيلندا

101. Paesi. Parte 3

Paesi Bassi (m pl)	hulanda (f)	هولندا
Pakistan (m)	bakistān (f)	باكستان
Palestina (f)	filisṭīn (f)	فلسطين
Panama (m)	banama (f)	بنما
Paraguay (m)	baraχwāy (f)	باراغواي
Perù (m)	biru (f)	بيرو

Polinesia (f) Francese	bulinīziya al faransiyya (f)	بولينزيا الفرنسيّة
Polonia (f)	bulanda (f)	بولندا
Portogallo (f)	al burtuɣāl (f)	البرتغال

Repubblica (f) Ceca	atʃ tʃīk (f)	التشيك
Repubblica (f) Dominicana	ʒumhūriyyat ad duminikan (f)	جمهوريّة الدومينيكان
Repubblica (f) Sudafricana	ʒumhūriyyat afrīqiya al ʒanūbiyya (f)	جمهريّة أفريقيا الجنوبيّة
Romania (f)	rumāniya (f)	رومانيا
Russia (f)	rūsiya (f)	روسيا

Scozia (f)	iskutlanda (f)	اسكتلندا
Senegal (m)	as siniɣāl (f)	السنغال
Serbia (f)	ṣirbiya (f)	صربيا
Siria (f)	sūriya (f)	سوريا
Slovacchia (f)	sluvākiya (f)	سلوفاكيا
Slovenia (f)	sluvīniya (f)	سلوفينيا

Spagna (f)	isbāniya (f)	إسبانيا
Stati (m pl) Uniti d'America	al wilāyāt al muttaḥida al amrīkiyya (pl)	الولايات المتّحدة الأمريكيّة
Suriname (m)	surinām (f)	سورينام
Svezia (f)	as suwayd (f)	السويد
Svizzera (f)	swīsra (f)	سويسرا

Tagikistan (m)	ṭaʒīkistān (f)	طاجيكستان
Tailandia (f)	taylānd (f)	تايلاند
Taiwan (m)	taywān (f)	تايوان
Tanzania (f)	tanzāniya (f)	تنزانيا
Tasmania (f)	tasmāniya (f)	تاسمانيا
Tunisia (f)	tūnis (f)	تونس
Turchia (f)	turkiya (f)	تركيا
Turkmenistan (m)	turkmānistān (f)	تركمانستان

Ucraina (f)	ukrāniya (f)	أوكرانيا
Ungheria (f)	al maʒar (f)	المجر
Uruguay (m)	uruɣwāy (f)	الأوروغواي
Uzbekistan (m)	uzbikistān (f)	أوزبكستان

Vaticano (m)	al vatikān (m)	الفاتيكان
Venezuela (f)	vinizwiyla (f)	فنزويلا
Vietnam (m)	vitnām (f)	فيتنام
Zanzibar	zanʒibār (f)	زنجبار

www.ingramcontent.com/pod-product-compliance
Lightning Source LLC
Chambersburg PA
CBHW070833050426
42452CB00011B/2253